AF493482

L'AVENIR

DE

LA FRANCE

Par l'Abbé LATOUR

Prêtre auxiliaire de la paroisse Saint-Jérôme de Toulouse ;
petit-fils et filleul de Gabriel LATOUR, commandant l'armée royale victorieuse au combat de la Terrasse, le XXI thermidor an VII.

Prophetias nolite spernere ;
Gardez vous bien de mépriser les prophéties.
Ep. de S. Paul aux Thess, ch. v, ℣. xx.

PRIX : UN FRANC

TOULOUSE
ROUGET FRÈRES & DELAHAUT, Imprimeurs-Libraires, Editeurs
Rue Saint-Rome, 39
Et chez l'AUTEUR, rue Saint-Rome, 29

NOVEMBRE 1871

L'AVENIR

DE

LA FRANCE

Par l'Abbé LATOUR

Prêtre auxiliaire de la paroisse Saint-Jérôme de Toulouse;
petit-fils et filleul de Gabriel LATOUR, commandant l'armée royale victorieuse
au combat de la Terrasse, le XXI thermidor an VII.

Prophetias nolite spernere;
Gardez-vous bien de mépriser les prophéties.
Ep. de St Paul aux Thess., ch. V, ℣. XX.

PRIX : UN FRANC

TOULOUSE
ROUGET FRÈRES & DELAHAUT, Imprimeurs-Libraires, Editeurs
Rue Saint-Rome, 39

Et chez l'AUTEUR, rue Saint-Rome, 29

NOVEMBRE 1871

PRÉFACE.

J'entreprends aujourd'hui l'œuvre, sans précédents, d'écrire l'histoire anticipée de la France. Au-dessus de cette prétention, déjà si forte, il en est une plus exagérée encore, c'est la certitude d'être toujours vrai dans les points essentiels.

Avant d'arriver au fait, qu'on me permette quelques lignes d'une digression indispensable; que mes lecteurs me pardonnent si je les force au début d'assister au supplice qu'endure un auteur qui n'est pas un fat, quand il est obligé de parler de lui et de quelqu'un des siens.

Oui, je vais dire l'avenir de mon pays, sans être ni prophète ni enfant de prophète.

Or, en 1826, mon digne père, un des hommes les plus complets que j'aie jamais connus, après avoir perdu l'opulence que lui avaient léguée ses aïeux, victime innocente d'événements qu'il ne put ni prévoir ni maîtriser, me prenant sur ses genoux, me dit un jour ces viriles paroles : « Mon enfant, je ne puis te laisser de fortune, mais je veux te procurer quelque chose qui vaut mieux encore : l'éducation, l'instruction et l'amour du travail. »

La nature, du reste, m'avait créé laborieux : à cinq ans déjà, je savais par cœur les Fables de la Fontaine ; à dix ans, le Catéchisme et la Jérusalem délivrée ; à vingt, l'Imitation de Jésus-Christ. Et pourtant ma mémoire était fort ordinaire : ce qui prouve l'abondance des ressources que je demandais au travail.

Qu'on ne se figure pas pourtant que les enfants d'avant 1830 fussent plus niais que les générations postérieures, produits illustres de ces mères *glorieuses* que l'on nomme 1830, 1848 et 1870. Avec mon sérieux prématuré, en fait d'espièglerie de bon aloi, j'en aurais beaucoup appris aux loustics en herbe d'aujourd'hui. Les hommes de vingt ans de mon époque étaient d'ailleurs encore des hommes, et non déjà des ruines, et le premier conscrit venu de village de ce temps *arriéré*, avec son escarpin le plus mignon et sa main droite fermée, aurait mis en marmelade une demi-douzaine de *petits crevés* des villes *intelligentes* de notre âge de progrès.

Mais, voilà bien des années déjà que, pendant dix heures par jour au moins, j'écoute dans le recueillement de mon laboratoire les docteurs du genre humain, qui me parlent dans les livres qu'ils ont écrits pour instruire la terre. Or, dans mes nombreux voyages autour de ma bibliothèque et de celles des autres, j'ai tant *vu*, que j'ai *beaucoup retenu*. Et aujourd'hui, je me félicite d'avoir de bonne heure compris que la science n'est pas une vertu infuse du cœur, mais bien une aussi rude que délicieuse conquête de l'esprit.

Donc, sans être *sorcier*, je puis, à l'aide de mes vieilles et nombreuses réminiscences, conter l'histoire des temps à venir. Ici, *petit saint Jean*, je ne crains pas de prêcher dans le désert ; et quoiqu'*un Daniel* en miniature, la France écoutera, j'en suis sûr, mes *interprétations* sincères, avide qu'elle est de demander aux espérances de joie du lendemain des consolations à ses tristesses de la veille.

Dans mon récit, je le sais encore, je serai souvent interrompu par les *libres-penseurs* et les journalistes *radicaux :* je ne me troublerai pas pour si peu. En effet, j'ai lu les inventaires qu'on a dressés du savoir des *libres-penseurs* ; j'ai entendu tous les dires des experts en matière d'esprit : or, il résulte de mes renseignements que les *libres-penseurs* sont incontestablement les êtres les plus *bêtes* de la création. Quant aux journalistes *radicaux*, ils sont les ilotes de la presse. Serfs toujours attachés à la glèbe de la publicité, sous le nom trompeur mais brillant d'écrivains consciencieux et indépendants, ils sont tenus de fournir tous les jours, à minute fixe, un nombre déterminé de lignes écrites, sous peine de correction, de rejet, de mise à la réforme, dans le sens donné par le comité de rédaction, lequel s'inspire lui-même des idées de la *caisse* du journal, qui elle-même reçoit le ton des abonnés qui la remplissent ou qui du moins l'alimentent.

Les partis ne doivent pas redouter que jamais je blesse leurs opinions; car mon roi, ce n'est ni Louis-Philippe second, ni Napoléon IV, ni Henri V, ni le Président de la République, mais Jésus-Christ; mon drapeau, ce n'est ni le rouge, ni le blanc, ni le tricolore, mais la Croix.

Les hommes qui aiment la clarté ne seront sur aucun point agacés par de scabreuses équivoques; j'appellerai chaque chose par son nom propre, afin d'éluder les nuances, trop souvent trompeuses des synonymes menteurs.

Les mortels vraiment indépendants n'auront pas non plus à rougir de mes ménagements intéressés ou adulateurs; je ne crains rien ni personne ici-bas, *tout est vanité.* Or, même le tout de rien n'est encore rien.

Les hommes sont eux-mêmes moins que rien. Pour paraître quelque chose, ils sont forcés de monter sur ce tabouret de parade qui s'appelle *position sociale :* le *Geai* doit se parer des plumes du *Paon ;* l'*Ane* se vêtir de la peau du Lion ; tous s'improviser grands hommes, en s'affublant du harnais qui les fait. Mais le soir, quand le valet de chambre les dépouille de ce costume du rôle plus ou moins comique qu'ils ont joué pendant le jour, afin de le suspendre à un clou vulgaire, ou à une cheville d'or, peut-être, le grand homme a disparu, et l'homme seul est resté. J'ai donc raison de m'écrier :

Je crains Dieu, cher Abner, et n'ai point d'autre crainte.

Pour craindre d'ailleurs les hommes et les choses, il faut couver dans son cœur une étincelle d'ambition. Ce luxe de misère humaine m'est heureusement interdit. Dans ce siècle d'universel abaissement, où celui-là seul arrive qui est *médiocre et rampant*, ambitionner, c'est demander. Or, en fait de supplique, ma science est fort restreinte ; je n'en connais qu'une seule formule ; elle est intitulée : *Oraison dominicale.* Elle commence par ces mots : *Notre Père, qui êtes dans les cieux!* Et moi qui veux aller, quand même, dans ce splendide royaume, je veille sans cesse sur toute déviation possible de mon épine dorsale ; car je tiens de bonne source que l'inflexible concierge des *Tuileries* éternelles y laisse pénétrer les colombes ; mais qu'il en chasse impitoyablenent les reptiles ! ! !

Si ma préface déplaît, à l'intention du bien, je la rétracte et je dis :

Après tant de désastres, tout le monde veut savoir ce que deviendra la France. Je l'ai cherché en homme, en français, en chrétien et en prêtre ; peut-être l'aurai-je trouvé! Que m'importe d'ailleurs, si j'ai eu le bonheur de mettre un autre investigateur plus clairvoyant que moi sur les traces de cette immense découverte.

CHAPITRE PREMIER.

PROPHÉTIES OU SOURCES DES RENSEIGNEMENTS.

La prophétie est la prédiction d'un événement qui ne peut être prévu dans les causes naturelles.

Il y a les prophéties *anciennes* ou bibliques, et les prophéties *modernes* ou rationnelles.

La prophétie biblique exige une foi surnaturelle et divine à cause de Dieu qui a parlé. La prophétie rationnelle n'impose qu'une croyance humaine. On n'est tenu de l'accepter qu'autant qu'on a de bonnes raisons pour y croire.

Les prophéties bibliques appartiennent à l'ancien ou au nouveau Testament.

Dans l'ancien, il y a les grandes et les petites prophéties.

Les grandes sont au nombre de cinq : celles d'Isaïe, de Jérémie, de Baruch, d'Ézéchiel, de Daniel.

Les petites sont au nombre de douze : celles d'Osée, de Joël, d'Amos, d'Abdias, de Jonas, de Michée, de Nahum, de Habacuc, de Sophonie, d'Aggée, de Zacharie, de Malachie.

Dans le nouveau Testament, on ne trouve que l'Apocalypse de saint Jean.

Grands prophètes. — Isaïe était juif et prince du sang royal de David. Il prophétisa 785 ans avant J. C.

Jérémie était juif. Il prophétisa 629 ans avant J. C.

Baruch était Juif. Il prophétisa 574 ans avant J. C.

Ézéchiel était juif. Il prophétisa 595 ans avant J. C.

Daniel était juif et prince du sang royal de David. Il prophétisa l'an 606 avant J. C.

Petits prophètes. — Osée était juif. Il prophétisa l'an 819 avant J. C.

Amos était juif. Il prophétisa l'an 790 avant J.-C.

Abdias était juif. Il prophétisa l'an 594 avant J.-C.

Jonas était juif. Il prophétisa l'an 820 avant J.-C.

Michée était juif. Il prophétisa l'an 738 avant J.-C.

Nahum était juif. Il prophétisa l'an 693 avant J.-C.

Habacuc était juif. Il prophétisa l'an 690 avant J.-C.

Sophonie était juif. Il prophétisa l'an 635.

Aggée était juif. Il prophétisa l'an 520 avant J.-C.

Zacharie était juif. Il prophétisa l'an 519 avant J.-C.

Malachie. Ce dernier des prophètes de l'ancien Testament était juif. Il prophétisa l'an 450 avant J.-C.

Tous les prophètes de l'ancienne loi eurent le Messie pour suprême objectif.

Dans le nouveau Testament nous ne trouvons qu'une prophétie, c'est l'Apocalypse de saint Jean.

Ce prophète, qu'on appelle saint Jean l'évangéliste, l'apôtre de la dilection, l'aigle de Pathmos, écrivit sa *révelation* dans cette île de la mer Œgée, sous l'empereur Domitien, l'an 96.

L'Apocalypse est, à mon avis, la plus sublime de toutes les prophéties. Elle a pour objectif unique l'Eglise et ses futures destinées. Elle est obscure parce qu'elle est souverainement poétique et imagée.

Les prophéties modernes, qui me semblent les plus sérieuses et réunir des motifs de crédibilité suffisants pour croire d'une foi humaine, *vrais* et *certains*, les faits qu'elles annoncent, sont celles de saint Césaire d'Arles, de saint Malachie, de sainte Hildegarde, de Nostradamus, du vénérable Holzhauser et la prophétie d'Orval.

— Saint Césaire naquit dans le département de Saône-et-Loire, près Châlons-sur-Saône, l'an 470. Il mourut l'an 542. Ses prédictions se trouvent dans un de ses ouvrages, intitulé : *Mirabilis liber*.

—Saint Malachie naquit à Armargh, en Irlande, l'an 1094, et mourut à Clairvaux, en France, en 1148.

Tout le monde connaît sa fameuse *Prophétie des Papes*. Elle fut imprimée, pour la première fois à Venise, en 1595, dans un ouvrage du bénédictin belge Arnold-Wion, né à Douai l'an 1554, et intitulé : *Lignum vitæ*, 2 vol. in-4°.

Cette prophétie se trouve tome 1, page 307.

— Sainte Hildegarde naquit dans le diocèse de Mayence, en Allemagne, l'an 1096. Elle fut la première abbesse du monastère du Mont-Saint-Rupert. Saint Bernard assure que ses livres prophétiques sont l'œuvre de Dieu. Le concile de Trèves, présidé par le pape Eugène III, approuva ses écrits. Elle mourut l'an 1178. Ses révélations sont consignées dans ses œuvres complètes, publiées par Migne, et intitulées : *Opera omnia*.

— Michel de Nostredame ou Nostradamus, vulgairement nommé l'astrologue provençal, naquit à Saint-Remy, dans les Bouches-du-Rhône, un jeudi, 14 décembre 1503, à midi. Il avait un beau front, l'œil flamboyant et la langue mordante; il parlait peu, mais il pensait beaucoup. Très-jeune encore, il fut reçu docteur dans l'Université de Montpellier. Il exerça avec grande distinction la médecine à Toulouse, Marseille et autres villes du Midi. Il fut médecin et conseiller ordinaire de Henri II, François II et Charles IX, rois de France. Il fut l'homme le plus docte de son temps. En 1549, sentant

« d'esprit divin l'âme présage atteinte »

il commença à écrire ses immortelles *Centuries* et ses autres *présages*. Après avoir annoncé sa mort à son ami, l'astrologue Jean Stradius, il mourut d'hydropisie à trois heures du matin, le 2 juillet 1566. Cet illustre savant mourut de la mort des justes; car pendant sa vie entière, il avait toujours pratiqué la religion catholique, le jeûne, l'oraison, la patience et l'aumône. Salon de Craux possède ses cendres vénérées :

« *Clarissimi ossa Michaelis Nostradami.* »

La première et la plus ancienne édition des Centuries de Nostradamus est de 1555, chez Macé Bonhomme, à Lyon. Elle est très-incomplète.

J'ai vu, de mes propres yeux vu, à Paris, à l'époque de la première Exposition universelle de 1855, dans la bibliothèque Richelieu, splendide collection de douze cent mille volumes, l'exemplaire qu'elle conserve encore de l'édition *princeps* complète des Centuries, imprimée à Lyon par Pierre Rigaud, en 1558, in-16.

Les éditions postérieures sont innombrables. La meilleure est celle de Anatole le Pelletier. — Paris, 1867.

— Jodelle, méchant poète contemporain, jaloux et lâche détracteur du grand-homme, fit sur son compte ce satirique ingénieux mais faux distique :

« Nostra-Damus cùm falsa damus, nam fallere nostrum est ;
Et cùm falsa damus, nil nisi Nostra-Damus. »

Voilà pourquoi la réputation de cette haute célébrité a traversé trois siècles de postérité, horriblement *estropiée* par le *coup de pied* d'un *âne* rimailleur. Mais les nombreux admirateurs du pieux devin de Provence, à la tête desquels je me fais honneur et me vante de me placer, l'ont guérie de cette ignoble blessure; et maintenant les *quatrains* des immortelles Centuries brillent d'un éclat sans pareil; car, Nostradamus est le plus grand des prophètes *modernes*.

— Holzhauser Barthélemy, ce vénérable serviteur de

Dieu naquit en Allemagne en 1605. Il fut curé de Bingen et fondateur de l'Institut des clers séculiers. Ce saint homme mourut le 20 mai 1658. Il fut le contemporain et l'émule du vertueux Olier pour la réforme du clergé.

C'est en commentant un prophète qu'il a prophétisé lui-même. On trouve ses inspirations sacrées dans son *Commentaire sur l'Apocalypse.*

— La prophétie d'Orval. Or, l'abbaye d'Orval ou du *Val-d'Or* fut fondée au milieu de l'antique forêt de Chiny, l'an 1071, dans le Luxembourg, par les largesses de Arnoux de Grandson II, comte de Chigny. C'est dans le désert de ce grand monastère, peuplé d'anges terrestres, qu'un moine, modeste et anonyme prophète, rendit ses oracles divins.

En 1792, quand la tourmente révolutionnaire dispersa les religieux et les débris superbes de ce cloître splendide, elle jeta aussi dans les rues et les places de la France agitée les feuillets prophétiques qui dormaient depuis des siècles peut-être dans la poussière immobile et sacrée d'une bibliothèque incomparable. A l'époque de son apparition, elle épouvanta le pays par l'annonce des catastrophes affreuses qui l'ont depuis chronologiquement affligée. C'est ainsi que l'on ignorait dans la solitude de ce couvent merveilleux ce qui se passait dans le monde; mais longtemps d'avance on savait ce qui devait lui arriver. Et ces victimes innocentes eussent obtenu pour leurs coupables bourreaux la grâce demandée si le tranchant de la guillotine n'avait condamné leurs voix suppliantes à l'éternel silence, pendant qu'elles adressaient au juge suprême la décisive supplique qu'il allait agréer.

C'est à la lueur de ces flambeaux divins que je me suis enfoncé dans les ténèbres sombres d'un avenir toujours obscur. C'est à ces Arianes célestes que j'ai emprunté les *fils* conducteurs pour me guider dans le labyrinthe inextricable d'un avenir sans eux toujours impénétrable. C'est, enfin, à ces langues infaillibles que j'ai demandé une voix sûre pour faire parler un avenir ordinairement muet comme le néant lui-même.

Les curieux du siècle qui voudraient connaître toutes les prophéties plus ou moins menteuses qui de nos jours inondent l'Europe, les trouveront imprimées dans la riche collection de Migne. Oui, de Migne, ce prince des imprimeurs de tous les âges et de toutes les nations. Or, il est probable que cet aigle de la typographie, qui a rendu des services immenses à la Religion et à l'État, n'a encore reçu ni un camail pour couvrir ses vastes épaules, ni un ruban pour décorer sa large poitrine. Ah ! ingrate patrie ! pourtant cet homme utile ne t'a jamais couvert d'une pluie de *cendres*, bien au contraire, il t'a toujours inondée d'un torrent de lumière et de *feu !!!*

CHAPITRE DEUXIÈME.

THIERS ET LA TROISIÈME RÉPUBLIQUE.

La république est, en France, la forme de gouvernement qui nous divise le plus, mais c'est celle qui nous gêne le moins.

La troisième république, à laquelle le second empire devait fatalement aboutir, oui, la république du 4 septembre 1870 fut proclamée par les députés de la Seine, sacrée phalange, à la tête de laquelle se trouvait Jules Favre, un avocat; à la queue de laquelle se trouvait Rochefort, un pamphlétaire. Cette république, venue au monde avant terme, n'est pas née viable; elle n'est donc pas encore le gouvernement définitif de la France : c'est écrit. Déjà même elle n'existe plus que de nom. Toutefois, avant d'abdiquer, avant de mourir elle a testé en faveur de Thiers. Elle a institué pour son héritier universel ce vigoureux, vert et actif vieillard, cet homme petit de corps mais grand d'esprit.

Thiers doit donc à la république défunte une éternelle reconnaissance pour tout ce qu'elle a fait pour lui. Oui, il devrait placer sur son tombeau un cierge plus énorme encore que tous ceux ensemble que les marins en péril promettent à Notre-Dame de Bon-Secours.

Sous le nom de Président, Thiers, non-seulement règne mais encore il gouverne. Plus que sous Louis XIV, l'État c'est lui. Le Parlement, en effet, faisait quelquefois tout ce que ne voulait pas le grand roi, pourtant absolu. L'Assemblée nationale, au contraire, fait toujours tout ce que veut le Président temporaire et *soumis*.

La France, de son côté, lui doit une reconnaissance infinie pour tout ce qu'il a fait pour elle. Thiers est une immense capacité ; il inspire toute confiance à l'Europe. Le pays un moment douta que l'Assemblée nationale lui confiât la présidence de la république. Aussitôt les intérêts matériels s'alarment, le crédit se resserre, l'argent se cache, les journaux allemands annoncent que le prince de Bismark s'apprête à aggraver le *væ victis*, à rendre plus lourd encore le poids de ses incroyables victoires. Thiers est nommé : la Bourse monte; les financiers se frottent les mains ; la France respire. Dans un temps où les peuples vivent au jour le jour, comme jadis le savetier, c'est énorme que d'avoir devant soi quelques mois de tranquillité relative et provisoire. Ce bien-être momentané, la patrie le doit à Thiers. Oui, la république a été confiée aux meilleures mains du pays. Il n'existe sans doute dans la création entière qu'un seul être nécessaire. Il faut avouer pourtant qu'il serait infiniment difficile de remplacer cet habile pilote au timon des affaires. Il est, en effet, merveilleusement doué pour aider l'Etat à retrouver à la fois la patrie, l'ordre, la liberté, le bien-être. Sous sa direction éclairée la France retrouvera son équilibre politique complétement perdu ; elle se réorganisera dans son *corps* tout entier.

Il trouvera certainement dans son intelligence si complète les moyens naturels nécessaires pour conduire humainement son pays au but qu'il se propose.

Nouveau Nestor dans l'Assemblée des représentants d'une autre Grèce en péril, il a toute la sagesse de son antique homonyme. Ces deux *sages* seraient même égaux en tout si celui de la France avait pour *les Dieux* immortels la même crainte que le noble enfant de Chloris. Passionné pour sa patrie, il ne travaille ni pour l'empire, ni pour la branche aînée, ni pour la branche cadette, ni même pour la république qui l'a fait tout-puissant. Il n'est l'homme d'aucun parti ; il fait les affaires de la France. Aussi Thiers, qui a toute ma confiance de citoyen, aurait encore toute ma confiance de prêtre, si pendant que la nuit et le jour, d'une main vigilante et ferme il tient le gouvernail du *vaisseau* de la nation pour sauver *équipage et passagers;* si lorsque les nuages empêchent *le port de se montrer a l'horizon*; si quand il y a *danger* il levait les yeux vers les étoiles des cieux ; s'il disait au maître des orages : Mon Dieu vous voyez que je m'y fais beaucoup, daignez m'aider un peu !

On a voté la réédification de la colonne Vendôme, où, sur un feuillet de bronze, sont écrites des dates glorieuses avec la pointe d'une baïonnette trempée dans les larmes et le sang. Quand donc ce monument orgueilleux portera encore vers les nues le néant des victoires de la France, comme signe du temps où nous vivons, on discutera pour savoir si, au sommet de l'édifice il faut placer la statue de Napoléon ou de Voltaire, le coq gaulois ou l'aigle impériale, le lys des rois ou la massue des peuples. Eh bien je demande en ce jour que la France reconnaissante place sur la colonne relevée la statue de Thiers.

Et quand les temps nouveaux, qui sont proche, seront arrivés, et lorsqu'il faudra descendre de ce piédestal infidèle où nul domicile n'est stable, Thiers est un homme trop galant pour ne pas s'empresser de céder sa place à un autre; car cet autre sera une femme. Oui, une femme, une reine, une mère. Comme femme, c'est le plus noble cœur de la création entière ; comme reine, c'est la reine de France; comme mère, elle est la mère du Dieu qui protége la Gaule : cette femme, elle s'appelle Marie. Femme vraiment adorable, laissez-moi tomber à vos genoux, laissez-moi vous dire, au nom de mon pays si malheureux : Mère, qui êtes dans les cieux, que votre règne bientôt arrive ! Maintenant je me relève fier de vous avoir offert mes adorations à la face du monde, et prenant congé de votre triple Majesté, je vous dis : Je vous salue, Marie ! Il est donc certain que bientôt *un autre* viendra, qui réorganisera la France dans son enseignement, ses mœurs et sa religion ; *un autre* qui sera le sauveur de l'*âme* de la France, comme Thiers aura été le sauveur de son *corps*. Mon langage ne saurait amoindrir le mérite de notre illustre Président. Dans ce monde, chaque homme a reçu du ciel une mission providentielle et spéciale ; or, celui-là seul est *grand* qui la remplit parfaitement. Ah ! qui donc jamais a osé critiquer le soleil parce qu'il se contente d'éclairer la nature sans que jamais il lui ait été permis d'envoyer un seul de ses rayons dans le domaine pour lui toujours inaccessible de la grâce ?

CHAPITRE TROISIÈME.

MORT DE PIE IX.

Depuis dix-huit siècles que la papauté existe, jamais encore elle n'avait donné au monde un spectacle pareil à celui que lui offre le règne de Pie IX. Seul entre tous, ce Pontife extraordinaire a vu les années, les mois et les jours de Pierre. Il a régné plus longtemps à Rome que le premier de tous les papes lui-même. Il a fait mentir la vieille légende, et après dix-huit cents ans il vient infliger une exception inespérée à une règle qui semblait ne devoir en admettre jamais. Cette dérogation unique dans la succession des papes, vient-elle de ce que l'Église a prié pour Pie IX, comme jamais elle ne pria pour saint Pierre aux Liens? Ces ferventes prières n'ont certainement rien gâté. Néanmoins, il faut chercher ailleurs la raison de ce formidable privilége. La cause en est toute dans la définition du dogme de l'Immaculée Conception.

Le 8 décembre 1854, Pie IX, par cet acte éclatant, honora sa Mère du ciel comme jamais encore ne l'avait fait aucun de ses enfants de la terre. Cette tendre Mère, en retour, lui a obtenu une vie pontificale incomparablement longue et glorieuse. Dans un siècle oublieux de tout respect, l'arbitre de la vie et de la mort a voulu montrer à la terre, qui s'est érigée en révolte universelle, qu'il n'entendait nullement abroger cette loi protectrice de la famille qu'il promulguait jadis sur la montagne en feu : « Honorez votre mère afin que vous viviez longtemps sur la terre que Dieu vous donnera. »

Il n'est donc pas étonnant que dans mon livre, sur l'avenir de la France, je consacre un chapitre à un pontife qui vit aux dépens de celui de tous ses successeurs. La fortune de la France, d'ailleurs, est liée à celle des évêques de Rome. Oui, le maître des nations avait donné la puissance au peuple français pour qu'il protégeât son vicaire. Il a failli à sa noble mission; il a abandonné son illustre pupille à l'heure du péril. Dieu, alors, a mis au rebut ce protecteur lâche et infidèle. Le Seigneur Dieu des armées n'a même pas voulu lui faire l'honneur de le pulvériser ds sa divine main; il a délégué un monarque décrépit pour briser comme un vase de terre, cette France si fière, d'un coup de celui de ses deux pieds qu'il n'a pas encore dans la tombe. Et ce fut sur son propre territoire qu'elle reçut la plus cruelle humiliation que jamais ait subie une nation civilisée.

Et pourtant, cette humiliation inouie elle pouvait l'éviter. Tous les esprits d'élite se montrèrent opposés à la guerre de 1870. Mais, hélas ! les destinées de la France se trouvaient alors dirigées par un avocat, un gamin, par Olivier, le ministre au *cœur léger;* et le portefeuille de la guerre était tenu par le Bœuf, général d'artillerie fort distingué, mais ministre très-insuffisant. Aussi, quand Thiers, dont le flair en politique est infaillible, voulut démontrer à la Chambre que la lutte actuelle était *imprudente* et pas assez *justifiée*, il fut insulté par la majorité; il compromit sa popularité, et peu s'en fallut que les partisans de la guerre ne ravissent aux communards la gloire de démolir son hôtel. Pour comble d'infortune, afin de rendre la mauvaise cause de la France désagréable à Dieu lui-même, Napoléon retira de Rome l'épée de Charlemagne qui couvrait le pape dans la ville éternelle. Cette arme sacrée, il la tenait dans sa main répudiée par le seigneur des combats, par l'époux de la victoire, lorsque, le 23 juillet, il disait : « Soldats ! je viens me mettre à votre tête..... »

Dieu n'était pas pour nos armées ; aussi cette lutte ne fut qu'une série d'incomparables désastres. En vain le Léonidas des temps modernes, Mac-Mahon, alla-t-il se poster aux Thermopyles de la France avec une poignée de braves, il fut écrasé par le nombre, et les barbares inondèrent le sol profané de la patrie. Partout les soldats français prouvèrent dès ce moment que les hommes sans Dieu, sont des hommes sans cœur. Mais voilons notre face pour ne plus voir ces honteuses défaillances.

Je finis l'histoire de la malheureuse épée de Charlemagne.

C'était le 2 septembre 1870. Une lettre est apportée au roi de Prusse. Elle était ainsi conçue :

« Monsieur mon frère,

» N'ayant pas pu mourir au milieu de mes troupes, il » ne me reste qu'à remettre mon *épée* entre les mains de » votre Majesté.

» Je suis, de votre Majesté, le bon frère,

» NAPOLÉON. »

Maintenant, l'arche sainte est aux mains des Philistins. Patrocle a les armes d'Achile et Attila est couvert de l'armure de Charlemagne !!!

A Sédan s'éteignit l'étoile des Napoléon ; celle des papes, au contraire, ne s'éclipse jamais, et le pontife de l'Immaculée Conception peut s'attendre à de nouvelles faveurs de la part de sa divine protectrice.

Pie IX ne mourra ni d'une colique, ni d'une fluxion de poitrine ; cette mort vulgaire serait indigne d'un pape si exceptionnel ; Pie IX mourra *assassiné*.

Il s'appelle *Croix de la croix ;* il faut qu'il justifie la devise malachique. Ce n'est pas qu'il ait rien à craindre du côté de Victor-Emmanuel. Ce monarque est de la maison de Savoie, d'une race de saints et de grands hommes. *Bon sang ne peut mentir ;* et le roi d'Italie vaut mieux que sa réputation. Mais ce prince ne gouverne pas ses états constitutionnels ; il ne lui est pas donné de souffler sur la torche incendiaire d'une pétroleuse, de faire dévier la balle ou détourner le poignard d'un *meneur*, *d'un vaurien* de l'internationale, de la franc-maçonnerie, d'un membre quelconque de la societé *Alfiéri*, qui a pour devise : *Le sang et la mort.*

Il faut du sang pour réconforter la papauté à la veille de ses suprêmes épreuves; or, le sang de Pie IX est pur : le ciel en acceptera l'héroïque sacrifice.

CHAPITRE QUATRIÈME.

LA FRANCE SE RELÈVERA.

On raconte qu'un général polonais, après un bataille perdue, couché mourant sur le champ du combat, écrivit sur la neige qui recouvrait le sol glacé et son sang versé pour sa patrie, ces mots prophétiques : *Finis Poloniæ !*

Après les désastres sans exemple de Sédan et de Metz, j'ai entendu des voix lugubres s'écrier : *C'est la fin de la France !*

Hommes de peu de foi patriotique, non, ce n'est pas la fin de la France, c'est la régénération de la France ! c'est l'épreuve de la France! Le Dieu des nations la jetée dans le creuset, afin qu'elle en sortît pure, elle qui y était entrée souillée. Tous les empires de l'antiquité sont tombés. Ils avaient étonné le monde par la splendeur de leur existence. Ils ont épouvanté tous les échos de la terre par le *bruit* de leur chute. Nul n'a pu renaître de ses cendres, et la poussière de celui qui était tombé la veille n'a servi qu'à titre de grain de sable pour lier les assises de celui qui s'élevait le lendemain. Un génie divin a dit que Dieu ne remuait la terre que pour sauver ses élus. Or, tous les empires divers, avant leur chute, avaient rempli leur mission ; tous les acteurs avaient tenu leur rôle sur la scène du monde. Le directeur suprême jamais ne les rappelle parce qu'il ne les laisse partir qu'après qu'ils ont épuisé le programme que la Providence leur traça. Or, la France est presque encore à son début. L'histoire rapporte que le moyen âge donna naissance à un ordre célèbre où les chevaliers faisaient vœu de protéger, à la vie à la mort, les pélerins qui se rendaient à Jérusalem. Peuples et individus nous sommes tous ici-bas des voyageurs qui nous rendons à la Jérusalem céleste. Le roi qui règne dans cette éternelle cité a chargé les Français de tenir les chemins libres et la carrière ouverte. C'est pour cela qu'il leur donna un cœur vaillant et un esprit chevaleresque. Montesquieu a écrit quelque part : « Il faut faire honorer la Divinité, et ne la venger jamais. » Il doit en être ainsi pour l'Eglise catholique. On doit la faire partout honorer. L'Éternel, pour tenir ses ennemis en respect, pourrait envoyer à sa divine épouse une légion d'anges célestes; mais il veut que tout ici-bas se passe d'une manière humaine : c'est pour cela qu'il a chargé spécialement la France de protéger l'Eglise. C'est sa fille aînée : c'est donc elle qui doit soigner sa mère. Bossuet, dans un langage que lui seul sait parler, disait à son royal éleve : « Dieu tient du plus haut des cieux les rênes de tous les royaumes; il a tous les cœurs en sa main. » Quand il a vu que la France, méconnaissant le frein et brisant ses guides, conduisait les autres nations ses dociles servantes dans une route qui ne menait plus aux cieux, il a permis qu'elle roulât dans l'abîme des plus atroces humiliations. D'un souffle sa couronne de reine des nations il l'a précipitée dans la boue. Il veut qu'elle remonte ; il permet qu'elle ramasse son diadème, mais à la condition qu'elle se cramponnera à sa main puissante pour ne plus tomber, et qu'elle édifiera par ses vertus cette même Europe qu'elle avait scandalisée par ses vices.

CHAPITRE CINQUIÈME.

ALLIANCE AVEC LA RUSSIE.

Un père tendre et prudent qui veut procurer à ses enfants un brillant établissement dans le monde recherche pour eux l'alliance d'une noble famille ; or les peuples sont aussi des familles. Jamais donc ils ne doivent entamer les hautes combinaisons de la politique extérieure sans s'être préalablement assurés d'une alliance solide avec une nation puissante.

Les gouvernements de Louis-Philippe et de Napoléon III commirent la faute énorme de former avec l'Angleterre une alliance impossible et anti-nationale. D'abord, l'Angleterre nous déteste cordialement ; quand cette colossale égoïste sollicite un rapprochement *intime,* c'est pour nous exploiter.

Qu'il me soit permis ici de formuler contre elle mon juste réquisitoire. Notre ancienne rivalité nous coûta un siècle de guerres et de combats sanglants. Sous la Révolution, le Consulat et l'Empire, c'est elle qui coalisa contre nous l'Europe tout entière. Elle voulait, en 1830, arrêter notre flotte, qui cinglait vers l'Afrique ; mais Charles X n'eut pas peur. La Méditerranée fut purgée des pirates barbaresques, le soufflet officiel vengé, et Alger conquis. A cette même époque, elle empêcha l'annexion volontaire de la Belgique à la France. Elle nous engagea témérairement dans la guerre d'Orient et l'expédition de la Crimée. Or, jamais encore mon intelligence n'a pu comprendre quel ombrage portait à ma patrie la tour de Malakoff ; quel tort pouvait lui faire un ouragan sur la Mer-Noire. Pour être sûre de nous voir toucher le fond, elle descendit avec nous dans le gouffre du Mexique, où nous avons laissé l'or, la vie et l'honneur. Quant au Léopard britannique, transformé en fin *renard*, il sort du puits sur les ailes de l'aigle impériale, honteusement métamorphosée en *bouc émissaire !*

En 1870, sans dépenser un pence, sans verser une goutte de sang, elle pouvait, par une simple coalition diplomatique, arrêter l'Allemagne sur les bords du Rhin. Ah! elle s'est bien gardée de nous rendre cet éminent service ; il lui tardait trop de la voir camper sur les rives de la Seine. Et si Guillaume, devenu *conquérant*, eut voulu dépécer la France, l'Angleterre se serait empressée de tendre sa main rapace pour saisir ses deux morceaux convoités : la Corse et l'Algérie. D'ailleurs, avec elle, un accord réel ne saurait exister, à cause de l'antagonisme de nos intérêts respectifs. Nos domaines partout se touchent ; l'un ne peut grandir sans amoindrir l'autre, et l'industrielle Albion ne saurait vendre un centime de cannelle, un gramme de coton, sans rencontrer sur tous les marchés du globe la concurrence de la Gaule, sa rivale. Qu'on ne me parle donc pas de l'alliance anglaise. Qu'elle boive nos vins pendant que nous mangeons ses biftecks. Oui, faisons des affaires avec cette marchande, mais jamais des alliances.

Il en est bien autrement de la Russie. Oui, l'alliance avec la Russie est l'alliance naturelle pour la France. D'abord les deux peuples sont infiniment sympathiques l'un à l'autre ; et puis, leurs intérêts sont trop distincts pour jamais se heurter. La Russie a toutes ses affaires en Asie. Elle ne se querelle jamais qu'avec le grand turc ou l'empereur de la Chine. Or, que nous font à nous ses discussions avec ces Majestés *sublimes* et *célestes ?* Et pourquoi la France perdrait-elle son temps et sa peine pour aller voir s'il pleut ou s'il tonne sur la cime du Caucase !

L'alliance intime avec la Russie est donc la préparation éloignée, mais obligée à la rude revanche que la France opprimée médite contre l'Allemagne, qui a trop abusé de ses faciles triomphes.

CHAPITRE SIXIÈME.

LA MONARCHIE EST CERTAINE.

Non, la République du 4 septembre 1870 n'est pas le gouvernement définitif de la France. Le pays doit donc s'attendre à la restauration prochaine de la monarchie française.

Saint Césaire d'Arles, dans son *Mirabilis Liber* (1 volume in-12, édition 1524), annoté par un membre érudit de ma famille, il y a plus d'un demi-siècle, et qu'en ce moment je copie fidèlement, s'exprime ainsi :

« Des restes échappés de la persécution de l'Eglise, il sera tiré un pape que tous respecteront, à cause de sa sainteté. Ce pape sera secondé par un empereur, homme très-vertueux qui sera *du sang très-saint des rois des Français.* »

Sainte Hildegarde, dans ses *Opera omnia* (édition Migne) parle longuement de l'Empire romain, immensément étendu, et de la dignité impériale, rétablie dans le monarque français qui la porte avec vigueur, gloire, force et sainteté.

Le vénérable Holzhauser (traduction Wuilleret, tome II, p. 20 et 21), annonce que les Etats de l'Eglise et leurs alliés enverront au *puissant monarque français* une armée de secours formidable, commandée par un grand général que le *grand pape* aura lui-même choisi.

La prophétie d'Orval (*Journal des villes et des campagnes*, 20 juin 1839) parle ainsi :

« Dieu aime la paix. Venez, jeune prince ; quittez l'isle ou la terre de la captivité ; oyez , joignez le lion à la fleur blanche , venez !

» Ce qui est prévu, Dieu le veut : le vieux sang des siècles terminera encore de longues divisions.

» L'homme puissant par Dieu s'assoyera bien, moult sages règlements appelleront la paix. Dieu sera cru d'avec lui , tant prudent et sage sera le rejeton de *la cape.* »

Mais le plus indiscutable de tous les prophètes, c'est Nostradamus. Cet homme extraordinaire a clairement annoncé tous les événements qui se sont accomplis en France depuis plus de trois cent vingt ans. Contre un pareil fait , il n'y a plus à argumenter.

Ecoutons cet infaillible oracle.

Les trois personnages fatidiques qui vont occuper la scène dans la dernière tragédie qui se joue dans le monde sont . Mars, Jupiter et Saturne. Or , d'après mes études , il me paraît certain que Mars , c'est *Guillaume ;* Jupiter , le *Grand monarque ;* Saturne, l'*Antéchrist.*

Le prophète moderne dit dans ses deux premiers vers du 14ᵉ quatrain, centurie IV :

La mort subite du premier personnage
Aura changé et mis un autre au règne.

Donc , après la mort subite d'un personnage qui n'est pas roi , mais un personnage et un grand personnage, le premier personnage de l'Etat, le premier personnage de la République , de son président , de Thiers , il y aura un *changement de Gouvernement ,* et un *autre* montera sur le trône pour commencer un nouveau règne.

Quatrain 24 , centurie VI :

Mars et le sceptre se trouvera conjoinct ,
Dessoubs Cancer calamiteuse guerre :
Un peu après sera nouveau roy oingt ,
Qui par long temps pacifiera la terre.

Peu de temps après la conjonction des deux planètes

Mars et Jupiter sous le signe du Cancer ; ou bien après que Guillaume, avec un roi son allié, aura fait une guerre malheureuse dans l'Egypte, la Perse, l'Inde, la Chine ou le Mexique, qui sont sous le tropique du Cancer, un *nouveau roi* sera sacré qui pour longtemps pacifiera la terre.

Quatrain 41, centurie v :

> Nay sous les ombres et journée nocturne,
> Sera en règne et bonté souveraine :
> Fera renaistre son sang de l'antique urne,
> Renouvelant siècle d'or pour l'airain :

Né dans un jour néfaste, ce *grand roi* régnera avec une bonté souveraine ; il prouvera que le sang antique et précieux qui coule dans ses veines n'est nullement vicié, et il changera son siècle d'airain en un siècle d'or.

Quatrain 80, centurie x :

> Au règne grand du grand règne régnant.
> Par force d'armes les grands portes d'airain
> Fera ouvrir, le Roy et Duc joignant,
> Fort démolys, nef à fons, jour serain.

Ce grand roi, sous son grand règne, fera ouvrir par la force des armes les portes d'airain de la guerre, comme autrefois celles du temple de Janus ; il règnera et il gouvernera tout ensemble. Les citadelles lui seront inutiles pour se défendre. Ses décrets seront toujours conformes à la loi de Dieu : voilà pourquoi il donnera au monde la lumière et la paix.

La monarchie sera rétablie ; le monarque sera un Bourbon, voilà qui est certain. Mais quel sera ce monarque ? Ici se présente le doute ; sur ce point, on ne peut hasarder que de pures hypothèses. Les Bourbons de France se divisent en deux branches : aînée et cadette ; les Bourbons proprement dits et les d'Orléans. Louis XIV et son unique frère, son cadet Philippe, d'abord duc d'Anjou, puis duc d'Orléans, étaient tous d'eux petits-fils de Henri IV. Or, ce chef de la maison des Bourbons descend du sang très-saint des rois des Français, de saint Louis. Louis IX et Henri IV furent deux grands hommes et deux grands rois. Louis fut un saint ; Henri fut un démon. Le fils de Blanche de Castille ne commit jamais un seul péché mortel ; le fils de Jeanne d'Albret pécha, au contraire, beaucoup ; pécha tant, que les ennemis eux-mêmes les plus acharnés contre la royauté aiment Henri IV. Les Français sont ainsi faits. Voilà comment, quand il s'agit de découvrir le roi de la future monarchie, les prophètes trouvent bien le tronc de l'arbre généalogique qui porte tous les *appelés ;* mais ils se perdent dans les branches d'où doit sortir celui qui seul sera *élu.*

CHAPITRE SEPTIÈME.

MON SENTIMENT PERSONNEL SUR LE MONARQUE DE LA FUTURE MONARCHIE.

Il est certain que j'ai depuis longtemps des idées arrêtées sur le compte du monarque futur, et que je crois connaître par son nom celui que le ciel a choisi pour présider aux destinées de la France. Or, mon sentiment ici a quelque poids; il n'est pas un sentiment de fantaisie, mais la résultante des indications vagues, il est vrai, mais fournies pourtant par tous les prophètes modernes. Ce signalement, je le soumets humblement à l'appréciation impartiale de mes lecteurs.

J'ouvre d'Orval :

« Prince ! venez, joignez le lion à la fleur blanche. »

Oui, le hasard est aveugle. Cependant, ce coup-ci, il a frappé si juste, qu'on pourrait croire qu'il avait levé son bandeau ; car Henri V s'est marié le 16 novembre 1846 avec la fille d'un archiduc d'Autriche et Duc de Modène. Par cette alliance il a *joint* le *lion* de gueules ou rouge de la maison d'Autriche et de la maison de Modène à la fleur blanche ou au *lis* d'argent ou blanc de la maison de France ou de Bourbon Oh, aveugle hasard !

Il me semble donc que nous savons non-seulement que la France sera bientôt en monarchie, mais que nous connaissons même le monarque de cette monarchie.

Notre prophète favori désigne Jupiter ou le *grand roi* par

ces vocables qualificatifs : Le grand celtique ; Chiren secourable, secundus, anagramme de Henri, abréviation de Henricus ; le roy de Blois, à cause qu'il doit transférer le siége de la monarchie dans cette ville ; Chiren-Selyn, conquérant du croissant ou de la Turquie ; Œnobarbe, barbe blonde ou couleur d'airain ; le gros Mastin, grand chien, syncope de grand chiren ; nez de Milve, de Milan, nez aquilin, recourbé, nez à la Bourbon.

Troisième vers du quatrain 14, centurie IV :

> Tost, tard venu, à si haut et bas âge.

Ce prince est donc prédestiné à porter deux fois la couronne : dans son enfance, par droit de naissance ; à l'âge mûr, par droit de conquête ou de suffrage du peuple dont il sera le *fondé de pouvoirs*.

Deux premiers vers du sixain IV :

> D'un rond, d'un lis naistra un si grand prince,
> Bien tost et tard venu dans sa province.

Le grand monarque sera donc un prince, roi jeune et roi vieux. Il naîtra de la race d'un rondone ou d'un aiglon, et de la tige d'un lis, vers le signe de la balance, fin septembre ; d'une maison en qui la force de Vénus au prolifique décroît.

On dirait presque le fils de la duchesse de Berry !

Quatrain 91, centurie III :

> L'arbre qu'estait par longtemps mort séché.
> Dans une nuict viendra à reverdir :
> Cron. roy malade, prince pied estaché,
> Criant, d'ennemis fera voile bondir.

L'arbre généalogique de Capet, depuis longtemps stérile, reverdira dans la nuit du 29 septembre 1820. Le monarque qui naîtra cette nuit pendant un certain cron ou cronon, un certain temps sera malade ; il aura un pied éclissé à la suite d'une chute de cheval du 28 juillet 1841. Mais quand, nouveau Charlemagne, il poussera son cri de guerre, tous ses ennemis épouvantés baisseront devant lui leurs étendards vaincus et humiliés.

Nostradamus, du reste, ne se gêne pas pour faire reconnaître ce prince à cette infirmité accidentelle. Il l'appelle *le boîteux* dans tous les idiômes qu'il connaît; il le nomme *Ascans* en grec; *Claude* en latin; *Ranc* en romain.

Du reste, d'après mes renseignements, puisés à des sources certaines, Henri V est un homme, *vir*, d'une valeur incomparable. Ses idées, d'ailleurs, sont parfaitement conformes au programme que tous mes prophètes ont tracé au *Grand Roi*. Donc, *en mon âme et conscience, mon avis* est que Henri V sera le *grand monarque*. Plusieurs seront de l'avis du préopinant, un grand nombre sera d'un avis contraire, la multitude ne sera ni de l'un ni de l'autre. Je n'ai rien à voir sur cette diversité d'opinions. Seulement, j'observerai à tous ceux qui voudront parler sur ce point qu'il vaut mieux se taire que parler sans savoir ce que l'on dit.

CHAPITRE HUITIÈME.

GUERRE CIVILE A L'ENTRÉE DU GRAND ROI.

Il est rapporté, que quelques contemporains malicieux de l'illustre traducteur des *Contes Arabes*, allaient souvent, la nuit, le réveiller brusquement pour lui dire : « M. Galland, si vous ne dormez pas contez-nous un de ces contes que vous contez si bien». Cédant, non pas à la malice, mais à des préoccupations bien légitimes, souvent une grande multitude de mes nombreux amis m'a dit : « Vous qui connaissez toutes les prophéties, dites-nous ce que nous allons devenir ! » C'est un devoir sacré pour moi de répondre crûment à une question si carrément posée. D'ailleurs, un malheur auquel l'on s'attend est bien moins terrible que celui qui nous surprend. Et puis, pourquoi ne pas signaler à l'horizon la tempête affreuse qui doit servir de présage au calme que nous désirons ?

Jupiter, le grand celtique, ce grand monarque, partout annoncé, doit entrer par la porte des plus terribles combats, et une affreuse guerre civile inaugurer sa prochaine intronisation. Que nous importe, en définitive, cette tourmente passagère? Le grand poete a dit que les flammes de l'enfer s'éteindraient si un rayon d'espérance pouvait les traverser.

Quatrain 3, centurie VI :

Fleuve qu'esprouve le nouveau nay de celtique
Sera en grande de l'empire discorde :
Le jeune prince, par gent ecclésiastique,
Ostera le sceptre coronal de concorde.

Quand le grand monarque aura franchi, comme jadis César, le Rubicon, c'est-à-dire, la frontière à Marseille, Avignon ou ailleurs, qu'importe, la France s'ébranlera tout entière. Mais bientôt, aidé par les honnêtes gens, à la tête desquels marche toujours la *gent ecclésiastique*, entendez-vous, lâches prétrophobes? Oui, aidé par les honnêtes gens de tous les partis, le *Grand Roi* brisera sur le casque de *Guillaume*, le sceptre ou plutôt le joug que nous détestons, mais qu'il nous faut subir, et nous ôtera le frein que nous rongeons en silence, mais en écumant de rage.

Les partisans du glorieux monarque seront d'abord peu nombreux; le premier noyau de fideles se formera ou à Paris ou à Lyon. Bientôt ils seront nombreux comme les grains de sable de la mer, et tout cela malgré le roi de Prusse et ses lois sanguinaires.

La France se consolera facilement d'une tribulation momentanée qui l'affranchira du joug le plus atroce qui jamais ait pesé sur la tête d'un peuple.

CHAPITRE NEUVIÈME.

GRANDS TROUBLES QUI SUIVENT LE RÉTABLISSEMENT DE LA MONARCHIE FRANÇAISE.

Un prêtre distingué, qui fait autorité en ces matières puisqu'il les a profondément étudiées, croit au rétablissement de l'empire. Je lui demande bien pardon d'avoir la témérité de n'être pas de son avis ; mais je préfère la vérité à Platon. Voici la cause de l'erreur de mon érudit confrère. Pour lui *Mars*, c'est Napoléon III ; tandis que pour moi, c'est *Guillaume*. Et comme je connais les habitudes malicieuses du *voyant de Provence*, il aurait appelé *Vulcain* le Prince impérial s'il avait eu à le nommer quelque part. Non, nul événement futur ne nous *replacera dans les serres de l'aigle*. Et si l'on pose au peuple la question : *république ou monarchie*, il répondra *république*. Il est des chutes politiques dont on ne se relève jamais : telle est celle que Napoléon a faite à Sédan. Quand on a l'honneur de commander une armée française, il ne faut jamais se préoccuper de savoir si l'on rencontrera sur sa route une barrière de feu, d'eau ou de fer; on passe quand même ; et quand on est passé, si l'on ne sait plus où aller, eh bien ! on va là, où Louis XI un jour envoya la république de Venise. Le soldat français ne doit connaître que deux chemins : celui de la victoire et celui de la mort; entre ces deux, il n'y a que la voie du déshonneur par laquelle nul ne doit jamais passer.

La couronne de France est si haut, la capitulation de

Sédan est si bas, que tomber du point où est l'une, au niveau où est l'autre, c'est faire une chute mortelle. Oui, le 4 septembre 1870 Napoléon le *neveu* a tué Napoléon l'*oncle*, dont le nom légendaire en 48 fit la fortune si rapide; cette date néfaste a détruit sans retour le prestige des aigles impériales; et aujourd'hui on ne trouverait certainement pas dans tous les régiments français quatre hommes et un caporal qui voulussent obéir au commandement séditieux des maréchaux de l'empire. Si donc il y tient, j'accorderai volontiers au savant ancien curé de la Clotte que je crois à la possibilité d'une nouvelle journée de Strasbourg et de Boulogne; mais à un autre deux décembre, à un troisième empire, oh! à cela jamais! jamais! jamais! Ce n'est donc pas le cri de l'aigle ressuscité, mais bien le chant du coq réveillé qui troublera le repos de la monarchie nouvelle.

Vaincue par les troupes rebelles et d'abord victorieuses des *normands* de France, des princes de la maison d'Orléans, l'armée du grand celtique sera forcée de battre en retraite sur la forêt des Ardennes. Là, après s'être reformée, elle reprendra l'offensive et écrasera ses coupables adversaires. Les deux compétiteurs illégitimes seront pris. Le grand monarque, pour en finir avec ces éternels usurpateurs, les fera *décoller*. Ces deux criminels prétendants ne l'auront pas volé; car, ils seront cause de l'incendie de Lyon et de Paris. Cette superbe capitale sera-t-elle brûlée au même titre que Babylone, Palmyre, Jérusalem, Sodome? Je l'ignore! ce que je sais, c'est que j'irai, je le jure, pleurer sur les ruines encore fumantes de cette reine du monde. Si je déplore ses crimes, j'admire ses vertus. Or, si dans mon livre je ne suis ni légitimiste, ni orléaniste, ni républicain, ni bonapartiste, partout et toujours je suis homme, français, chrétien et prêtre.

Devant de si terribles menaces faut-il donc désespérer de la fortune de notre incomparable Ninive? Ah! que d'autres désespèrent qui ne connaissent pas la bonté du Seigneur! mais nous, qui avons si souvent éprouvé l'immensité de ses miséricordes, nous espérons contre toute espérance; car, nous savons que la prière éteint tous les feux, si ce n'est les flammes de l'enfer. Or, Paris n'est pas encore descendu dans ce gouffre qui pas une fois, depuis que l'éternelle justice le creusa n'a rendu ses coupables victimes.

Maintenant, je dois charitablement avertir les deux chefs de l'armée rebelle du sort qui leur est réservé; car, s'il est écrit qu'ils seront pendus s'ils conspirent; il est écrit aussi, qu'ils seront honorés s'ils se montrent princes du sang respectueux et fidèles. Après cette exécution terrible, mais nécessaire à la tranquillité de l'Etat, le monarque alors véritablement roi de France ira établir le siége de sa monarchie provisoirement à Avignon, dans l'antique palais des Papes, jusqu'à ce qu'enfin il le porte définitivement à Blois.

Tous ces faits sont consignés aux quatrain 97, centurie v; quatrain 84, centurie III; quatrain 93, centurie III; quatrain 32, centurie I; quatrain 45; centurie v.

CHAPITRE DIXIÈME.

LA REVANCHE.

Pour un chrétien le pardon des injures est une vertu d'obligation. Il ne perd rien à la pratiquer, puisque Dieu lui-même se charge de le venger. Seulement, d'ordinaire sa vengeance se fait longtemps attendre, à cause qu'il est bon et éternel. Il n'en est pas ainsi pour les peuples du globe ; chez eux l'oubli des offenses est une abdication. Le même Dieu qui nous a recommandé de lui dire, quand nous le prions : « Mon Dieu pardonnez-nous nos offenses comme nous pardonnons, » inspire au vaillant Mathathias expirant, de dire à ses enfants : « Vengez les injures faites à votre peuple par ses cruels ennemis. » C'est donc aux nations elles-mêmes qu'il appartient de se faire justice ; or, la justice des peuples c'est la guerre.

Une fois débarrassé de ses injustes, mais puissants compétiteurs, le grand monarque qui aura un cœur vraiment français, se hâtera d'organiser la terrible revanche. Après des chances diverses dans cette lutte formidable, la fortune de Mars ou de *Guillaume* son odieux adversaire, viendra enfin expirer aux pieds des pyrénées, et cet Allemand sauvage mourra lui-même honteusement étouffé dans son lit par une vile courtisane. Attila mourut tranquille sur le sein d'une esclave, Guillaume son digne imitateur expirera sans nul secours dans les bras sanglants d'une prostituée. Et ce monstre mystique et hypocrite sera le dernier de sa race maudite. Ce fait tragique est annoncé dans le quatrain 85, centurie VIII.

CHAPITRE ONZIÈME.

GUERRE D'ITALIE.

Si Napoléon, en 1859, eut été doué du sens politique, il aurait accompli son programme et affranchi la Péninsule du joug de l'étranger des Alpes à l'Adriatique. Mais il fallait qu'il respectât le fleuve sacré du Tibre; qu'il ne touchât pas à ses eaux saintes, plus funestes pour lui que celles du Cidnus pour le grand Alexandre. L'Empereur fit l'unité de l'Italie et il perdit la France. Dans ce monde, tous les grands événements s'enchaînent. Oui, l'unité de la Péninsule a fait l'unité de l'Allemagne ; la diversion de l'Italie en 1866 sauva la Prusse.

Si l'archiduc Albert avait pu manœuvrer sur les rives de l'Elbe avec ses cent cinquante mille hommes, et ne les avait point inutilisés sur les bords du Mincio, l'Autriche catholique aurait inscrit au bulletin de ses victoires, Sadowa, la plus cruelle de toutes ses défaites; et aujourd'hui, le Christ et non Luther régnerait sur l'Allemagne unifiée. Unc politique opposée à celle de l'Empereur déchu amènera le grand monarque en Italie.

Mais examinons quelle sera la situation de l'Italie le jour où le grand roi de France envahira cette malheureuse Péninsule. Victor-Emmanuel assassiné ; l'Italie érigée en République, sous la présidence de Mazzini ou de Garibaldi ; le château Saint-Ange et le Vatican incendiés ; les eaux du Tibre rougies par le sang des prêtres et des religieux égorgés ; le pape poignardé ; le pouvoir temporel du souverain pontife aboli ; le Saint-Siége transféré à Jérusalem : telle sera l'Italie en ce moment suprême.

Tous ces événements sont annoncés :

Quatrain 28, centurie v ; quatrain 13, centurie vi ; quatrain 93, centurie ii ; quatrain 65, centurie x ; quatrain 98, centurie viii.

Le quatrain concernant Jérusalem est un des plus saillants du prophète ; c'est le 99, centurie viii :

> Par la puissance des trois rois temporels,
> En autre lieu sera mis le Sainct-Siége ;
> Où la substance de l'esprit corporel
> Sera remis et reçeu pour *vray siége.*

Oui, c'est avec la protection du grand roi allié à deux puissances amies du pouvoir temporel du pape, que le Saint-Siége sera transféré en un autre lieu où la divine Eucharistie sera reportée et reçue comme en son vrai siége, à Jérusalem, berceau du Christianisme et première demeure du premier pape qui fut choisi dans cette ville par le divin fondateur de l'éternelle papauté.

C'est à Jérusalem, en effet, que sera transféré le Saint-Siége, sous le successeur de Pie IX, ainsi que je l'ai écrit en 1867 dans mon livre sur le *Sacerdoce.*

Les faits accomplis depuis cette époque ont fait de cette éventualité une absolue nécessité. Encore quelques jours, et la *folie* de la veille deviendra la réalité du lendemain. Alors aussi, les Pharisiens modernes, plus Pharisiens encore que les Pharisiens anciens, trouveront que le bon Dieu a tort de m'avoir donné raison.

Alors, à la prière du pape, le nouveau Charlemagne franchira les monts, battra l'armée italienne, fera prisonnier son cruel oppresseur, entrera dans Rome, triomphant. Le pape sera ramené dans la capitale de ses Etats, et les spoliateurs du Saint-Siége, ainsi que tous les partisans du chef des bandes sacriléges, seront mis à mort. Ces faits sont consignés dans les quatrains 6, centurie v; 34, centurie iv; 38, centurie vi; 20, centurie x.

Donc, l'épiscopat français n'a pas besoin de conseiller une guerre impossible, et à laquelle il ne songe même pas, pour rendre au pape des Etats qui appartiennent à l'Eglise. Cette guerre viendra à son heure marquée, malgré la presse radicale, les rouges et les lâches.

CHAPITRE DOUZIÈME.

CONQUÊTE DE LA TURQUIE.

Il est d'usage, dans la diplomatie, de compter les Turcs dans la grande famille des nations européennes. Pourtant, ce nouveau membre, né l'an 1453, n'est pas un enfant, mais bien un monstre. Si les nations ses augustes sœurs le laissent toujours s'asseoir à leur banquet choisi, c'est qu'elles craignent l'ouverture de sa succession, les guerres du partage et l'embarras de la solution de la question d'Orient. Néanmoins, les idiomes de l'Occident n'ont pas des mots assez magnifiques pour nommer les haillons et le clinquant dont se charge ce paria, ce *gueux* de la civilisation moderne. C'est là qu'on trouve le Pacha à trois queues, le Grand-Visir, le Grand-Seigneur, l'Iman, le Divan, le Firman, le Sultan, le Sérail, le Harem, les Minarets, le Grand-Turc et la Sublime-Porte. On croirait entendre la voix séduisante de la sultane Scheherazade du cruel sultan Schahriar, mais c'est là un conte arabe des *Mille et une Nuits*. Voici l'histoire des réelles turpitudes de cet ignoble empire. En Turquie, tous les hommes sont circoncis et quelques-uns eunuques. Toutes les femmes sont esclaves ; la famille est un troupeau qui a son bélier, ses brebis, ses agneaux, que l'on parque le jour, et qu'on élargit le soir. Les Ottomans ont la lune pour drapeau et le vendredi pour dimanche. Cet Orient, toujours dans les ténèbres, attend le lever du soleil des intelligences comme les Juifs attendent le Messie. La terre est fertile comme un jardin, mais nul ne la cultive. Constantinople est placé dans le plus beau site du monde ; seulement on y bâtit des maisons de bois pareilles aux échoppes que les savetiers cognent dans les angles des murs de nos cités splendides. Des chiens affamés sont les balayeurs de ses places publiques, et le temps est l'unique cantonnier de ses routes sordides. Tandis que l'homme bien élevé, partout ailleurs se découvre, le Turc, par respect, enfonce plus profondément son turban.

En ce pays, la justice se vend, mais les injustices s'y donnent. Le vin conduit en enfer, l'eau mène au paradis de Mahomet. Et tandis que tous les peuples du monde, dans les champs de l'éternel repos, au sein de la vision béatifique, contemplent l'Être suprême dans les splendeurs de sa majesté et l'éclat de sa beauté radieuse, le Turc ne voit que des Houris voluptueuses et des yeux sensuels. Voilà les infamies séculaires auxquelles l'épée victorieuse du grand Alexandre de la fin des temps va bientôt assigner un terme définitif.

Sur ce point, tous les prophètes sont unanimes, tous annoncent que le grand roi s'*annexera l'empire des Sultans*. Nostradamus lui-même, pour chanter cette expédition merveilleuse, prend la lyre des poetes ; écoutons ici ses accents mélodieux.

Quatrain 79, centurie x :

Les vieux chemins seront tous embellys,
L'on passera à Memphis somentrée :
Le grand Mercure d'Hercules fleur de lys
Faisant trembler terre, mer et contrée.

C'est ainsi que seront enfin ressuscitées les antiques traditions catholiques. Dans une dernière croisade, l'Occident soumettra l'Orient à la foi des chrétiens, et la France, alors à l'apogée de sa vraie gloire, fera trembler l'univers, et sur terre et sur mer, devant son antique oriflamme, surmontée de la croix et parsemée de fleurs de lis. Quel temps affreux pour les chenapans qui verront ces merveilles !

Le *voyant* de Craux parle encore le même langage dans les quatrains 42, centurie vi ; 95, centurie x.

CHAPITRE TREIZIÈME.

GUERRE AVEC L'ANGLETERRE.

La perfide Albion nous a ravi un jour nos colonies, détruit nos flottes, anéanti notre marine, bombardé nos villes maritimes. Et cependant, il s'est rencontré deux Gouvernements assez anti-patriotiques pour faire avec cette dangereuse rivale des simulacres d'*entente cordiale*; pour combattre côte à côte avec elle sur un commun champ de bataille. Et cela sous le grand prétexte que l'alliance intime de la France et de l'Angleterre garantit la paix du monde. Elle ne garantit rien du tout, si ce n'est la vente de son coton, de ses allumettes, de ses aiguilles et autres articles anglais, dont sa haute politique consiste à faire un immense trafic.

Le grand roi aura un cœur français. Aussi fera-t-il la guerre à l'Angleterre, et cette guerre, vraiment nationale, sera le couronnement de son splendide édifice militaire. Sous son règne glorieux, la France aura recouvré enfin ses Tourville, ses Jean-Bart, ses du Quesne, ses Duguay-Trouin, ses Bailli de Suffren, ses Dupetit-Thouars et tous ses autres antiques et illustres marins. Alors, nos *loups de mer* donneront la chasse au vieux *renard* britannique. La France aura tardivement sans doute, mais noblement vengé la Hogue, Aboukir et Trafalgar. Alors, le trident de Neptune passera dans les mains de ma patrie restaurée.

Nostradamus a l'esprit prophétique et le cœur véritablement français. Toutes les fois que les Anglais, ces forts boutiquiers, tombent sous le regard terrible du devin irrité, il les traite de *sordides* et de *pillards*. Mais écoutons les mâles accents que lui fournit sa patriotique inspiration pour flétrir nos ennemis permanents. Partageant les sentiments hostiles de son époque et de tous les siècles contre ces égoïstes insulaires, il parle ainsi dans le quatrain 77, centurie IV :

Selin monarque, l'Italie pacifique,
Règnes unis par roi chréstien du monde :
Mourant voudra coucher en terre Blésique,
Après pyrates avoir chassé de l'onde.

Le grand monarque vainqueur des Turcs, pacificateur de l'Italie, arbitre de tous les peuples unis pour le proclamer roi de tout l'univers chrétien, avant d'aller mourir à Blois, sa capitale, voudra *éreinter* les Anglais et les chasser des mers.

Grâces donc au Dieu tendre dont le souffle puissant engendre *les admirables élévations de l'Océan*, le Léopard britannique n'écumera plus les mers qui baignent les côtes du monde tout entier !

CHAPITRE QUATORZIÈME.

RÉTABLISSEMENT DE L'EMPIRE ROMANO-CHRÉTIEN EN FAVEUR DU GRAND MONARQUE.

L'empire romain, renversé en Occident en 476 par Odoacre, relevé en Occident par Charlemagne, l'an 800, détruit par Mahomet II, en 1453, a continué de subsister dans l'empire d'Allemagne, jusqu'à son abolition définitive par Napoléon Ier, en 1806. Cependant, la majesté du nom romain s'est toujours maintenue dans la noble succession des papes, vrais rois des Romains, protégés sans cesse par la vaillante épée des monarques français.

Digne héritier de la politique traditionnelle de ses prédécesseurs très-chrétiens, le grand Celtique rétablira par la force des armes sur le trône pontifical, à Rome, le Souverain Pontife dont l'avait banni l'impiété triomphante. Le *grand pasteur*, l'*augur*, le *pasteur angélique*, pour prix de ces bienfaits accordés à l'un de ses prédécesseurs et au monde chrétien tout entier, versera sur le front du nouveau Charlemagne l'huile du saint chrême, le proclamera son vicaire temporel; l'investira au nom de J.-C., roi de toutes les nations, du gouvernement politique de la chrétienté des deux hémisphères ; il le couronnera empereur de tous les catholiques du globe. Alors aura commencé l'empire romano-chrétien.

CHAPITRE QUINZIÈME.

PAIX GÉNÉRALE.

Saint Césaire, saint Malachie, sainte Hildegarde, le vertueux Nostradamus, le vénérable Holzhauser, le saint solitaire d'Orval, tous ces prophètes prennent ici leur harpe divine pour chanter ensemble les douceurs de cette paix générale.

Les dissensions intestines et les complications extérieures cesseront au milieu des nations régénérées. Tous les peuples nageront dans l'abondance des biens spirituels et temporels. Jamais encore on n'aura vu des jours si beaux. Les saisons reprendront leurs cours réguliers ; la terre redeviendra féconde ; les astres seront bienfaisants ; les sciences progresseront ; les méchants seront dans l'opprobre, les justes en honneur. Les prophètes seront nombreux, les anges converseront familièrement avec les hommes. L'ordre social tout entier refleurira dans le monde. Alors règneront en tous lieux : la paix, la liberté, l'ordre et la vertu.

CHAPITRE SEIZIÈME.

ABDICATION DU GRAND MONARQUE.

Le grand roi a donc rempli sa mission providentielle; il a uni la France, écrasé l'Allemagne, pacifié l'Italie, subjugué la Turquie, vaincu l'Angleterre, arboré la croix triomphante sur le tombeau de Mahomet, exterminé l'hérésie, vaincu l'Occident et l'Orient; il a soumis par le glaive, ainsi que l'annonçait l'apocalypse, tous les ennemis de J.-C., de toute tribu, de tout peuple, de toute langue, de toute nation; il a pacifié la terre, fait fleurir partout la religion catholique. Alors nouveau *Jupiter*, et Jupiter de fait et de nom il dépose ses foudres devant lesquelles la terre entière s'est tue. Couvert de gloire humaine et de sainteté divine, il vient à Jérusalem, monte sur le mont des oliviers et il dépose sur le sommet de la montagne sainte sa couronne, son sceptre et son épée, en oblation à Notre-Seigneur Jésus-Christ. Ce moment solennel sera la fin et la consommation du grand empire Romano-chrétien.

CHAPITRE DIX-SEPTIÈME.

LA RÉPUBLIQUE UNIVERSELLE.

La monarchie fut le gouvernement du commencement du monde, la république sera le gouvernement de sa fin. Bossuet a dit : « La monarchie est la forme de gouvernement la plus commune, la plus ancienne et la plus naturelle. Tout le monde commence par des monarchies. » C'est précisément parce que ce gouvernement est le plus naturel qu'il est le plus commun et le plus ancien. Rousseau à son tour déclare : « J'appelle république tout gouvernement guidé par la volonté générale. » Or, je connais quelqu'un qui a plus d'esprit que Voltaire, disait Talleyrand, c'est tout le monde. Quand les enfants sont petits, le père en sait plus qu'eux tous ensemble; quand ils sont grands, ils en savent tous ensemble plus que le père seul. Voilà la raison pour laquelle les sociétés qui ont commencé par la monarchie, doivent finir par la république. Voilà pourquoi le dernier empereur ou le dernier roi des Francs, qui n'aura jamais eu d'égal dans le monde, sera lui-même le plus grand, mais aussi le dernier de tous les rois de la terre. Il est destiné à clore dignement la succession des monarques ; car, il aura régné, investi, comme un vrai *Jupiter*, de la toute puissance qui descend des cieux.

Mais nous sommes à la consommation des siècles; nous touchons à la veille de la domination finale de l'Antechrist ; nous allons inaugurer la terrible période des temps fatidiques : oui, elle va commencer la crise définitive et formidable. En face du monstre que j'aperçois, que vais-je parler des formes des futurs gouvernements ! Ah ! devant l'homme de mal par excellence, j'envoie et république et monarchie là où Bossuet envoyait un jour la fameuse déclaration de 1682. Et empruntant ici le couplet d'un patriotique chansonnier, à l'aspect du plus affreux des tyrans je chante :

J'ai reposé sur la terre des braves,
Et déjà d'un œil attristé,
Je n'ai pu découvrir qu'un vil troupeau d'esclaves
Sous l'antique berceau de notre liberté !!!

CHAPITRE DIX-HUITIÈME.

DATE CERTAINE DE TOUS LES ÉVÉNEMENTS FUTURS.

Si l'on me demande la date précise, absolument certaine des événements que j'annonce, je répondrai franchement. je ne la connais pas! quant à la succession chronologique de ces faits immenses, celle que je leur ai assignée est la vraie. L'époque très-approximative et relativement véritable, la voici :

Avénement du grand roi, 1872;
Revanche nationale, 1876;
Guerre d'Italie, 1879;
Guerre de Turquie, 1883;
Guerre contre l'Angleterre, 1885;
Paix générale, 1886;
Abdication du grand roi, 1890;
Mort du grand roi, 1891;
République universelle, 1892.

Ces dates ne sont pas des chiffres de pure fantaisie; ils sont le résultat des comparaisons et de la concordance de toutes les prophéties que je connais. Pour découvrir certaines époques, j'ai usé encore de certains procédés qui m'ont toujours jusqu'ici parfaitement réussi.

Tout le monde peut donc accepter ces dates comme moralement certaines. Non, ces dates ne reposent ni sur une colonne d'air, ni sur un grain de sable, mais bien sur la fameuse prophétie des papes de saint Malachie. Or, la légende chrétienne admet qu'à la fin des temps le grand monarque et le grand pasteur se rencontreront sur la terre. Après avoir vécu cinq années ensemble dans le monde, ils descendront à la fois dans la nuit de la tombe ; la mort elle-même ne pourra séparer ces deux grands hommes si tendrement unis pendant les années de leur glorieuse existence. Mais, il est certain pour moi d'une certitude morale, que le sublime pontificat du *pasteur angélique* commencera l'an 1886, pour finir l'année 1891.

Telle est la base solide sur laquelle reposent les dates que j'indique : Donc on peut les accepter.

CHAPITRE DIX-NEUVIÈME.

UN PRODIGE EN L'AIR OU LA VISION DE PONTMAIN.

Un grand génie, qui s'appelle Pascal, a écrit cette belle pensée : « Il n'y a rien de si conforme à la raison que le désaveu de la raison dans les choses de la foi ; et rien de si contraire à la raison que le désaveu de la raison dans les choses qui ne sont pas de la foi. » Pour ceux qui comprennent le français du grand siècle, cela veut dire : que tout croire est une niaiserie ; ne rien croire une absurdité ; un homme qui est un homme croit assez ; mais il ne croit pas trop. Il est pourtant des hommes qui ne croient pas à Dieu ; et qui pour compenser une pareille aberration croient dévotement au diable ; sont persuadés qu'il se montre en grand costume, c'est-à-dire, avec ses cornes, sa queue, sa fourche, moyennant la lecture d'une certaine page du grand Voltaire ou du grand Albert. Il existe des humains, parfaits mécréants, par rapport à l'Être-suprême ; mais qui croient aux sorciers ; qui croient au spiritisme ; qui croient à l'influence de la lune ; qui croient au guignon du vendredi ; qui croient au danger de la chute d'une salière ; qui croient à la puissance du hasard ; qui croient au porte-malheur du nombre treize ; qui croient à l'éternité du monde ; qui croient à la génération spontanée ; qui croient que notre premier père était un singe, et que si nous en savons un peu plus que lui aujourd'hui, c'est parce que un de nos ancêtres plus malin que ses devanciers, en écoutant un perroquet inventa le langage; qui croient à Luther; qui croient à Voltaire ; qui croient à Renan ; qui croient à Rochefort ; qui croient à leur journal ; qui croient à leur bonne.

La France est en grand deuil ; elle a perdu son honneur, sa bourse et ses biens. Les consolations que je vais lui adresser, les espérances que je vais lui inspirer qui sont tirées des prodiges que j'ai vus sur la terre et dans les cieux feront sourire de dédain ces tristes hommes, qui croient à toutes les rapsodies qu'inventa la bêtise humaine, mais qui ne croient pas à Dieu. Ce serait *margaritas antè p.....* ces consolations n'arriveront qu'aux cœurs qui croient en Dieu, mais qui ne croient pas aux rapsodies monstrueuses dont je viens de donner la nomenclature sommaire.

Cette consolation nationale, je la demande d'abord à l'apparition de la très-sainte Vierge à Pontmain, département de la Mayenne. C'est un bourg de 500 habitants, qui depuis trente-cinq ans a le bonheur d'avoir pour pasteur un saint prêtre, M. l'abbé Guérin. Cette apparition la voici :

Il est six heures du soir, mardi 17 janvier 1871 ; la neige couvre le sol, le ciel est pur et semé d'étoiles ; il fait froid. Quand tout à coup deux enfants de la pieuse famille *Barbedette*, Eugène, âgé de douze ans, et Joseph, âgé de dix ans, aperçoivent dans les airs à vingt-cinq mètres au-dessus de terre une belle grande dame. Sa robe bleue foncée parsemée d'étoiles d'or, sans ceinture et sans taille, tombait du cou presque sur ses pieds. Les manches étaient larges et pendantes. Elle avait des pantoufles bleues comme la robe, au milieu desquelles un ruban d'or formait un nœud pareil à une rosette. Un voile noir cachait entièrement les cheveux et les oreilles, couvrait le tiers du front et retombait sur les épaules jusqu'à la moitié de son dos, mais rejeté en arrière, il ne cachait nullement sa majestueuse figure. Sur la tête, elle portait une couronne d'or surmontée au milieu d'un petit liseré rouge. Elle avait les mains étendues et abaissées. Elle regardait les enfants et souriait tendrement.

Vers sept heures, on alla chercher Françoise Richer, âgée de onze ans, Jeanne-Marie Lebossé, âgée de dix ans, et Eugène Friteau, âgé de six ans et demi. Quand ces cinq enfants sont réunis, ils s'écrient tous à la fois, en présence du curé, des sœurs et d'un grand nombre d'habitants du bourg, accourus à la nouvelle du prodige : qu'ils aperçoivent un grand cercle bleu comme la robe, ovale, large comme la main, qui encadre la belle dame à une distance d'un mètre.

Quatre bougies attachées à l'intérieur du cercle étaient placées, deux à la hauteur des genoux, et deux à la hauteur des épaules de la grande dame.

Quand les assistants émettaient des doutes sur sa présence, la dame prenait un air profondément triste. Bientôt la dame monte, grandit et le cercle qui l'entoure s'étend. Quarante étoiles ordinaires se rangent vivement sur le passage de la dame, et viennent deux à deux se placer sous ses pieds; tandis que des étoiles à cinq pointes se multiplient sur sa robe comme une fourmilière. Elle est bientôt toute dorée par *ces étoiles du temps.*

A sept heures et demie, pendant que la dame pleurait, un grand écriteau blanc, large de un mètre cinquante centimètres, long de quinze, apparaît au-dessous des pieds de la dame et du cercle bleu qui l'entoure.

Cependant sur ce fond d'une éclatante blancheur une main invisible trace lentement en belles lettres d'or, hautes de vingt-cinq centimètres, ces deux lignes :

MAIS PRIEZ MES ENFANTS DIEU VOUS EXAUCERA EN PEU DE TEMPS

MON FILS SE LAISSE TOUCHER

Après que la première ligne fut gravée, la dame se mit à regarder les enfants et à sourire. Dès que la seconde ligne fut tracée et qu'un grand trait doré se fut formé lentement au-dessous de cette dernière ligne, la sainte Vierge éleva, à la hauteur de ses épaules, les mains qu'elle tenait abaissées et étendues, agita lentement ses doigts, regarda les enfants avec des yeux d'une douceur infinie, et se mit encore à sourire.

Après dix minutes un rouleau *couleur du temps* passa rapidement sur les lettres et les déroba aux regards des cinq enfants.

Subitement, à cinquante centimètres de distance, aux pieds de la dame se montre une croix rouge de cinquante centimètres de hauteur. Sur cette croix, se trouve un christ rouge; au sommet de la croix, sur un écriteau blanc très-long, est écrit en lettres rouges le mot : JÉSUS-CHRIST.

La belle dame abaissant ses mains, qui étaient élevées à la hauteur de ses épaules, saisit le crucifix, le tient de ses deux mains un peu incliné vers les enfants auxquels elle semble le présenter.

La très-sainte Vierge, triste et recueillie, paraissait prier avec les assistants. Quand tout à coup une étoile part de ses pieds, monte vers la gauche, traverse le cercle bleu, allume la première bougie qui est à la hauteur de ses genoux, puis la seconde, placée vis-à-vis de ses épaules. Passant ensuite par-dessus la tête, elle allume les deux bougies de droite. Et s'élevant au-dessus du cercle bleu, elle demeure suspendue sur la tête de la dame.

Cependant le crucifix rouge disparaît, la dame étend ses bras et reprend la pose de l'Immaculée-Conception. Alors se montre une petite croix blanche, haute de vingt-cinq centimètres, comme plantée sur chacune de ses épaules.

Et la Mère de Dieu sourit encore aux heureux enfants qui l'admirent.

Il était huit heures et demie.

Pendant que les assistants prient à genoux, les enfants qui ne quittent pas des yeux la céleste vision, distinguent un grand voile blanc qui part de dessous les pieds de la Vierge, monte lentement, l'enveloppe jusqu'à la ceinture, et puis jusqu'au cou. Ils ne voyent plus déjà que la figure qui est d'une beauté céleste et leur sourit encore.

Bientôt elle voile son radieux visage, la couronne seule reste visible ainsi que l'étoile qui la surmonte.

Dans un instant tout disparaît avec le grand cercle bleu et les quatre bougies, lesquelles jusqu'à la fin de la vision étaient restées constamment allumées.

A neuf heures du soir tout était fini !

Et de Pontmain, la nouvelle est partie annonçant encore à l'univers étonné que le royaume de France est toujours le royaume de Marie : *Regnum Galliæ*, *Regnum Mariæ*.

La célèbre apparition de la très-sainte Vierge à Pontmain n'est que le complément consolateur des visions de la Salette, de Lourdes en France, et de Cerretto en Italie. Dans ces trois manifestations précédentes, toutes surnaturelles et célestes, qui ouvrent pour le monde l'ère des temps nouveaux, l'auguste Reine de la création entière s'est révélée à la terre, dans la première, comme la réparatrice universelle, et la réconciliatrice toute-puissante des pécheurs avec Dieu ; dans la deuxième, comme la lumière du monde surnaturel, par son privilége unique de Vierge-Mère-Immaculée ; dans la troisième, comme le remède souverain des maux de l'univers, en tant que mère des grandes douleurs, coopératrice de son divin Fils sur le Golgotha pour l'œuvre miséricordieuse, à un degré infini, de la Rédemption du genre humain.

Mais à Pontmain, cette femme adorable se montre à la terre comme la *souveraine Impératrice* du royaume de Dieu : *Dux femina facti*, comme disait Virgile. Oui, Marie, là nous annonce que bientôt va luire pour la France, et par suite pour le monde entier, le jour merveilleux d'une ère nouvelle, celle de la venue de son règne, et par lui, en lui, et avec lui, celui de Jésus, son divin Fils, dans les cœurs et sur la surface de la terre, entièrement renouvelée. Oui, Pontmain dit au monde : *Le règne de Marie est proche*. Nous touchons au jour du grand triomphe de l'Eglise ; l'heure est venue pour les méchants de se convertir ou de mourir.

Marie vient de parler aux cinq enfants du bourg, maintenant immortel, un double langage, vulgaire et symbolique : vulgaire quand elle a écrit : « *Mais priez, mes enfants! mon Fils se laisse toucher ;* » symbolique, par cette écriture mystérieuse qui distingue l'apparition *de la Vierge de Pontmain*.

En-effet, les cinq jeunes *voyants* constatent que la belle dame a un vêtement bleu, parsemé d'étoiles d'or. Un grand cercle bleu, ovale, large comme la main, forme sa brillante auréole. Dans ce cercle, il y a quatre cierges, deux à la hauteur de ses genoux, deux autres à celle de ses épaules ; ceux-ci, vers la fin de la céleste vision, sont allumés par une étoile.

Le langage symbolique est plus parfait que le langage vulgaire : celui-ci, tout le monde le comprend ; celui-là, au contraire, les initiés seuls en ont la clef.

Moïse, en Egypte, avait été instruit à fond sur ce mystérieux symbolisme ; les prêtres de l'antiquité conservèrent comme un secret personnel les traditions héréditaires, pour le comprendre et l'expliquer. Les génies anciens vinrent l'apprendre à leur école. La Synagogue, à toutes les époques, eut des prophètes ou des docteurs qui comprirent ce langage supérieur.

Et moi, aujourd'hui, sans être ni un prophète inspiré de Dieu, ni un docteur en Israel, je vais tâcher de déchiffrer et d'expliquer ici à mes lecteurs édifiés et consolés les surnaturels hyérogliphes de la Vierge de Pontmain.

Remarquons d'abord que Marie ne choisit jamais que des enfants pour être les témoins bénis de ses apparitions merveilleuses. Ah! c'est que la sagesse incarnée nous a dit : « Quiconque ne deviendra pas semblable à un petit enfant n'entrera pas dans le royaume de Dieu. » A Pontmain, une petite fille, âgée seulement de deux ans et un mois, de la femme Boitin, (sabotier), que sa mère porte dans ses bras, jette vivement les yeux sur l'apparition, agite, avec allégresse, ses mains petites et innocentes, et bégaie sans cesse ces mots que lui apprit sa pieuse mère : *Le Jésus ! le Jésus !*

Ensuite, dès que le vénérable curé de Pontmain, ce digne représentant de l'église, se met à prier avec les élus de Marie, la dame monte et grandit ; sa taille devient surhumaine ; et, afin de nous montrer la puissance de la prière, elle ne déroule la magique série des symboles de son apparition qu'au fur et à mesure que l'on prie.

Dans cette dernière vision, les enfants sont plus nombreux que dans les trois autres qui ont précédé. Donc les enfants de Marie déjà sont nombreux sur la terre ; mais avant que son chiffre augmente et que son règne commence, Dieu, irrité, va exercer sa justice suprême ; il prendra la terre par ses deux pôles, et les impies tomberont comme les fruits mûrs d'un arbre qu'on brandit, pour s'écraser en tombant. Tous les grands coupables sont invités à se convertir s'ils ne veulent périr. S'ils ne se hâtent, aucun de ces malheureux ne verra le règne de Marie commencer sur la terre. Les massacres de la commune ne sont qu'un léger à-compte soldé à la vengeance céleste. Pas un seul de ces misérables qui appartînt à Marie, sauf les innocentes victimes, holocaustes suaves à ses yeux et à son cœur, martyrs élus et bénis pour préparer son règne, qui est proche!

Qu'il me soit donc permis de crier ici : « Gare, oui, gare maintenant à tous les chenapans de la terre! Oui, encore gare ; leur règne va finir! ! !

Voilà les trois enseignements préalables que nous fournit l'apparition de Pontmain.

Passons maintenant en revue les symboles qui la caractérisent.

La souveraine Impératrice prie en élevant les mains ; elle est *la toute-puissance suppliante* : *Omnipotentia supplex.*

Quand l'assistance chante, elle agite lentement ses doigts ; elle bat la mesure , cette reine de l'harmonie ; elle s'unit à nos prières.

Lorsque les assistants doutent , elle pleure ; s'ils prient et croient, elle sourit.

L'apparition a lieu la nuit , par un froid rigoureux ; 60 personnes autour de l'apparition sur la terre , des étoiles innombrables au ciel.

Voilà bien l'image de la situation morale des esprits et des cœurs. Les doctrines perverses ont fait la nuit au sein des peuples ; le monde est saisi par le froid de l'or, de la corruption et de la débauche. Quelques dévots à Marie , des anges sans nombre qui l'entourent , et c'est tout !

Dix minutes s'écoulent entre la formation du mot : *Mais* et celle des autres. Cet intervalle nous marque le temps qui séparera les événements qui vont éclater sur nos têtes et l'avénement du règne de Marie. Nous pouvons donc nous attendre à une serie de fléaux.

L'orage s'est formé en Italie , et la tempête ne cessera de gronder sur l'Europe que lorsque finira la grande iniquité contre le Pontife qui règne captif au Vatican.

Puisse la diplomatie m'entendre ! car c'est dans la réparation de cette colossale injustice qu'elle trouvera une digue infranchissable aux flots de l'*Internationale*, qui montent et menacent d'emporter la civilisation de l'Europe.

Nous voici parvenus au symbole le plus culminant de la manifestation hyperdulique. La mère des ineffables tristesses présente aux cinq innocents spectateurs une croix avec un crucifix rouges. C'est donc toujours la croix avec le sang que le divin crucifié a répandu sur l'adorable gibet , mêlé au sang que l'Europe versera à l'avenir à titre de châtiment et d'expiation , oui la croix qui sauvera la terre.

Il faut donc du sang, oui encore du sang, pour régénérer la république chrétienne !

Mais continuons l'explication des célestes énigmes ; soulevons encore le voile qui cache leurs mystérieux secrets.

Une étoile part de sous les pieds de la Reine céleste, et passant du côté du cœur de la mère du parfait amour, elle allume en tournant les quatre flambeaux, et vient se placer sur la tête de la belle dame comme un fleuron du riche diadème de la grande Impératrice. Cette étoile, c'est l'archange Gabriel, garde du corps fidèle de la Reine des cieux. Il est chargé de préparer les âmes au règne de Marie, en les éclairant par une illumination angélique. Il commence par soigner les agneaux les plus humbles, qui sont à la hauteur des genoux, et qui prient Marie avec ferveur.

Il éclaire ensuite les brebis qui ont charge d'âmes et qui se trouvent à la hauteur des épaules, symbole de l'autorité ecclésiastique. Il illumine enfin tout le cercle bleu, c'est-à-dire tous les fidèles qui sont dévots à Marie; mais il n'éclaire qu'eux. Il reste ensuite sur sa tête, aide-de-camp rapide pour porter les ordres de sa divine maîtresse. Oui, Marie va maintenant intervenir par des hommes de son choix, ainsi que le glorieux saint Joseph *patron de l'Église catholique.*

Mais voici le bouquet final de cette série de merveilles. Une petite croix est plantée sur chaque épaule de la très-sainte Vierge. Premièrement, ces deux croix indiquent que Marie va devenir la réparatrice universelle en nous appliquant les mérites de sa vie mortelle.

Secondement, ces deux emblêmes figurent deux ordres religieux : un d'hommes et un de femmes; apôtres de Marie, élus de son cœur qui renouvelleront les prodiges des temps apostoliques, nous dit le bienheureux Grignon de Montfort.

La naissance de ces deux instituts célèbres coïncidera avec le commencement du règne de la Vierge immaculée sur la terre.

Les étoiles dont la robe de la grande dame est dorée,

sont les anges. Le règne de Marie aura pour caractère spécial *l'intervention* des bons anges dans le *gouvernement* des peuples et dans la *direction* des âmes.

Les étoiles du temps, sont les saints qui auront une mission particulière dans le royaume de Marie.

L'auréole bleue indique que ceux-là seuls seront sauvés qui entreront dans le cercle magique et béni de son amour maternel.

Mais le voile blanc monte lentement et enveloppe la belle dame. Alors s'évanouissent la couronne, l'étoile, les flambeaux allumés et le cercle d'azur.

Ici finit la céleste vision.

Heureux les hommes qui verront les beaux jours du règne de Marie ; car ils retrouveront son éternel sourire dans les splendeurs de son impérissable royaume.

CHAPITRE VINGTIÈME.

LE MIRAGE CONSOLATEUR OU LA VISION DE WURTEMBERG.

Un journal de Stuttgart, dans un numéro du mois d'août 1871, contient l article suivant :

« A X... dix-huit personnes ont déclaré formellement, et elles sont prêtes à affirmer le fait sous la foi du serment, que, se trouvant, le 29 juillet 1871, devant l'auberge de *l'Aigle*, à dix heures du soir, l'une d'elles leva la tête vers le ciel et poussa un grand cri de surprise. Toutes alors regardèrent en haut, et virent distinctement une grande route, allant du nord au sud. Sur ce chemin, *chevauchait, la couronne en tête, un grand et superbe cavalier, montant un coursier magnifique*. Après lui venaient des officiers, de l'infanterie, des capitaines à cheval devant leurs compagnies, de la cavalerie, de l'artillerie, des chariots, etc. C'était comme une armée marchant à la bataille. *Lorsque le roi eut passé devant un rocher, il parut alors comme un officier ordinaire, mais sa tête était mutilee.* »

Quelques jours plus tard, des petites filles de sept ans, revenant chez elles le soir, vers huit heures, virent dans le ciel une multitude de soldats, marchant *du sud au nord.*

Le correspondant de la feuille allemande ajoute : « ces jeunes filles disaient la pure vérité. »

Une feuille excellente de Saint-Gall, du 26 août, imprimait:

« On nous écrit d'un lieu tout voisin, de Riden, que le même jour et à la même heure, plusieurs personnes de cet endroit ont observé les mêmes apparitions.

« Jamais disaient les spectateurs ravis, nous n'avons vu rien de plus beau. La magnifique rougeur du soir, les nuages brillants, ornés de fastueux chemins de fer, des soldats, des troupes de toute espèce et de toutes les armes, tout cela nous jeta dans un profond étonnement. Ce magnifique spectacle put être observé pendant une demi-heure environ. »

Les histoires anciennes sont remplies de récits d'apparitions singulières. Quand Jérusalem fut à la veille de sa ruine, disent Josèphe et Tacite, des présages sinistres en avertirent ses infortunés habitants. Peu de jours après la fête des azymes, on vit, dans tout le pays, avant le coucher du soleil, des chariots courant dans les airs, des bataillons armés traversant les nues et campant autour de la cité maudite.

Ces phénomènes affreux, funestes avant-coureurs des événements considérables, sont donc acquis à l'histoire. Aujourd'hui il n'y a plus pour argumenter contre eux que les niais, les radicaux ultrà, extrà, intrà, contrà, suprà et surtout l'espèce nommée en zoologie, radicaux raca. Les temps sont graves. Des signes extraordinaires vont se multiplier autour de nous. Toutes les brutes bipèdes bientôt seront forcées de regarder le ciel et de trembler, pour ensuite entrer dans les voies de la sagesse et de la raison.

Oui, demain, peut-être nous serons contraints de répéter avec le grand poete :

Et quel temps fut jamais plus fertile en miracles.

Qu'il me soit maintenant permis d'expliquer la vision allemande.

J'énumère d'abord les circonstances de l'apparition militaire :

Une grande route allant du nord au sud ; sur cette route large chevauche, du nord au sud, la couronne sur la tête, un cavalier grand et superbe ;

Une armée innombrable marche à la suite en ordre de bataille ;

Le fier monarque passe devant un rocher, alors il s'amoindrit et ne paraît plus qu'un simple officier ;

Sa tête semble mutilée ;

Quelques jours plus tard une seconde armée marche sur la même route *du sud au nord* contre la première ;

On voit des chemins de fer au milieu des nuages empourprés des cieux.

La scène se passe dans le Wurtemberg, c'est-à-dire dans la nouvelle Germanie. Voilà donc une antienne portée au second empire d'Allemagne, antienne dont le premier mot est : *Vœ ;* malheur !

Ce cavalier superbe c'est Guillaume ou son fils. Aveuglé par sa fortune inouie, oubliant qu'il n'est que l'instrument de la colère céleste, il marche de Berlin contre Rome. Bismark a dit à Gastein : « Qu'il était décidé à en finir avec l'Eglise catholique. »

Quant à la France, Bismark a déclaré : « Qu'il comptait à peine sur trois ans de paix ; que la France l'attaquerait avant même d'avoir tout payé, mais qu'il n'attendrait peut-être pas, car il tenait à choisir son heure. »

L'Eglise est ce rocher contre lequel se brisera l'Europe protestante et l'Italie révolutionnaire. Ah ! malheureuse unité !!!!!

C'est donc contre cette *pierre* que le cavalier superbe viendra se casser la tête. L'Eglise triomphera par la France ; la seconde armée marche du sud au nord. *L'Histoire de Dieu* par les Francs, va donc augmenter d'une page brillante. Oui, nous pouvons *esperer contre toute espérance.* Encore un peu de temps et Dieu frappera Attila avec le bâton de sa fureur !

C'est dans le Wurtemberg que se livrera *la grande bataille.*

Alors Renan et ses compères reverront des miracles. Puissent en leur présence se convertir ces vaniteux égarés !

Je viens de prédire à la France un avenir merveilleux. Les deux prodiges que j'ai racontés avec tant de bonheur sont la caution et la garantie de la réalisation d'un si brillant destin. Que sont donc les douleurs du présent, d'ailleurs trop méritées, comparées aux joies incommensurables que nous réserve un avenir maintenant si prochain, si consolant et si beau !

CHAPITRE VINGT-UNIÈME.

L'ANTECHRIST OU L'AFFREUX TYRAN DES DERNIERS AGES.

Ces événements prodigieux sont les avant-coureurs de l'apparition de cet homme atroce : l'Antechrist !

Nostradamus l'appelle *Saturne*, *le Posthume*. C'est donc l'homme par excellence à la pernicieuse influence.

Le grand prophète nous donne le signalement de cet affreux despote d'un ton lugubre et mystérieux ; on dirait que ce personnage fatidique est tellement à l'extrémité de son rayon visuel prophétique, qu'à peine il l'aperçoit.

Quatrain 74, centurie x :

Au révolu du grand nombre septiesme
Apparoistra au temps jeux d'Hecatombe.
Non esloigné du grand âge milliesme,
Que les entrés sortiront de leur tombe.

Donc, six millénaires après la création d'Adam, au commencement du septième ; après le millénaire apocalyptique, qui commence à la fondation du saint Empire romain par Charlemagne l'an 800, jusqu'à son abolition par Napoléon Ier l'année 1806, arriveront les temps des grands jeux de la mort. Alors, les trépassés seront à la veille de la résurrection générale et du jugement dernier.

Sur ce point formidable, le pieux devin se rencontre avec la légende chrétienne. Saint Augustin nous la rapporte dans son Traité de l'Antechrist, composé au commencement du ve siècle, édition bénédictine ; Paris 1685, tome VI, Appendice, p. 244.

Le plus beau et le plus complet génie dont l'humanité s'honore a écrit : Un Roi des Francs possèdera l'Empire romain tout entier. Ce roi viendra au dernier temps ; il sera lui-même le dernier et le plus grand de tous les Rois : *Maximus et Ultimus*.

Le savant Alcuin la reproduit au VIIIe siècle dans ses Œuvres ; 1 vol. in-folio, Paris 1617, p. 1209.

Or, l'Antechrist sera un despote monstrueux, qui subjuguera la terre tout entière. Après vingt-quatre ans de victoires sanglantes, il sera le vainqueur et le maître du monde. Il commencera ses guerres l'an 93, le 25 décembre ; il voudra naître à la gloire le jour où Jésus son ennemi détesté naquit à l'existence humaine. Né en 1863, il aura alors trente ans.

En 1917, il persécutera l'Eglise catholique. Cette abominable persécution durera trois ans et demi. Il fera mourir les justes et les saints. Hénoch et Elie reparaîtront dans le monde pour protéger ses innocentes victimes et empêcher la séduction des élus. Il fera mourir ces illustres personnages. Trente jours après leur cruel martyre, il sera tué lui-même par une force divine, seule capable d'en purger la terre.

Quarante-cinq jours après le trépas miraculeux de ce monstre, nous dit l'éminent docteur saint Jérôme, le monde finira.

CHAPITRE VINGT-DEUXIÈME.

AVANT LA FIN DU MONDE OU EXPLICATION DU *NEMO SCIT, NISI SOLUS PATER* : PERSONNE NE LE SAIT, EXCEPTÉ LE PÈRE ÉTERNEL.

Il est des âmes simples qui craignent que l'ange, qui tient au ciel les registres des *vrais croyants*, ne m'ait biffé de la liste des catholiques le jour où j'eus l'audace d'écrire : *La fin du monde en* 1921. Il en existe même d'assez timorées pour protester contre cette date abominable, persuadées qu'elles sont, qu'elles encourraient la damnation éternelle, si elles avaient la faiblesse de croire à ce chiffre cabalistique.

Les auteurs de cette monstrueuse rapsodie, dont la langue intempérante, dévotement, charitablement, méchamment ou enfin *bêtement*, propage cette mystique absurdité, ne savent pas un mot de théologie.

J'explique donc le *nisi solus pater*, conformément aux règles du sens commun, pour en finir avec les vipères et les hypocrites :

Premièrement, écoutons la sublime conversation du Verbe incarné avec ses disciples, sur la porte du temple. Déjà, ce maître délicieux, traite devant eux la grande question de la *fin du monde*. Il énumère les signes avant-coureurs de cette catastrophe suprême ; il leur annonce la chute des étoiles, que l'on verra, que l'on sentira, puisqu'elles tomberont sur le nez de ceux qui vivront alors sur la terre. Ces pauvres pêcheurs de Galilée, qui jamais n'avaient entendu parler de ces choses ineffables, l'écoutent avec une attention fébrile.

Leur curiosité, énormément surexcitée, leur fait lui demander indiscrètement *quand ces choses arriveront.* Le ravissant conteur leur répond qu'il n'en sait rien comme homme, et qu'en tant que Dieu, il n'est pas chargé par son Père, qui seul le sait, *nisi solus Pater*, de le leur dire; que s'il avait reçu cette commission, il s'en acquitterait certainement avec une fidélité divine.

Secondement, le *Nemo scit* veut dire que la connaissance de *la fin du monde* n'est pas de la compétence de l'intelligence humaine, mais bien du ressort de l'esprit divin. Or, cette science n'est pas la seule inaccessible à la faible raison des mortels; tous les faits futurs indépendants des causes naturelles appartiennent à cette haute catégorie. Et cependant, l'humanité a connu, l'humanité connaît et l'humanité connaîtra toujours des faits à venir entièrement placés en dehors de la sphère et de la portée des prévisions des humains. Ah! c'est que le Père éternel, qui seul pourtant les connaît, *nisi solus Pater*, usant de la liberté de révéler ses secrets, les communique à ses prophètes, qui eux-mêmes les livrent au monde qui les ignorait.

Troisièment, Daniel, saint Jean, la légende chrétienne avec tous ses docteurs incomparables qui la formèrent, saint Augustin qui l'a écrite, saint Jérôme, saint Liguori, Cornélius à Lapide, affirment que *la fin du monde* arrivera à la fin du sixième millénaire, à partir de la création d'Adam. Mais, ce sixième millénaire finira exactement le 31 décembre 1999, à minuit. Cependant nul de ces saints et audacieux prophètes n'a été encore excommunié pour avoir osé préciser ainsi une pareille date. Pourquoi donc le serai-je, moi, pour en avoir indiqué une autre? 13 juillet 1921 n'est pas un chiffre plus hérétique que 31 décembre 1999.

Quatrièmement, enfin, je n'ai jamais prétendu empiéter sur les droits de la science éternelle; non jamais je n'ai insinué que j'eusse découvert la fameuse date 1921, à l'aide de mes lunettes, quelque *fines* qu'elles puissent être. Ce chiffre m'a été communiqué, non pas moyennant finances, mais à force de méditations, de veilles, de prières, d'investigations, par des prophètes, qui eux l'avaient obtenue *gratis* du Père éternel, qui seul la savait : *Scit solus*, mais *scit.*

Donc, que les *timorés* de tout âge, de tout sexe, de tout métier, se rassurent sur ma chère date 1921. Non, ce n'est pas de là que viendra ma damnation éternelle ni mon excommunication majeure ou mineure. En effet, ce chiffre est vrai ou il est faux ; ou je me trompe de date sur la mort du monde, ou bien j'ai raison. Si j'ai bien compté, je dois faire connaître mes calculs, puisqu'une *vérité* si capitale est incontestablement *bonne a dire ;* si, au contraire, je me suis trompé, Dieu est infiniment juste : donc, avec un tel mathématicien, *erreur ne fait pas compte.*

Et nunc... canes impudentissimi... intelligite !!!

Or, après la mort du genre humain et la désorganisation des mondes, dont la terre est le centre, à cause que le Verbe incarné l'arrosa de son sang adorable, viendront une nouvelle création, un nouvel Adam sans le péché, une nouvelle Eve qui ne mordra plus la pomme défendue. Dieu, qui est éternel et infiniment fécond, créera sans cesse.

CHAPITRE VINGT-TROISIÈME.

LA FIN DU MONDE DEVANT LA PRESSE DE L'EUROPE.

FRANCE.

Première édition. — Quand parut la première édition de la *Fin du Monde*, la presse française s'en émut.

Le *Charivari*, le *Libéral*, le *Paris-Gazette*, l'*Indépendance*, le *Rosier de Marie*, etc., firent l'honneur à ce livre nouveau de le discuter dans leurs colonnes, sous des noms qui jouissent d'une notoriété publique, tels que ceux de Denizet, Pagés de Noyez, Pillon de Thury et autres.

Le *Coq du Gaulois*, dans deux numéros successifs, annonça par ses chants solennels la naissance de cette *étrange* publication.

ESPAGNE.

L'Espagne se laissa distraire du bruit de sa grande révolution pour écouter celui que produisait ma brochure. Sa Majesté, la gracieuse reine Isabelle, me fit écrire en excellent français seize grandes lignes, par son secrétaire intime, sur mon œuvre nouvelle.

ITALIE.

A l'occasion de ma *Fin du Monde*, la *Civiltà catholica* publia une série de longs articles sur cette question capitale.

Le célèbre bibliothécaire de la ville de Pise, l'érudit abbé *Unterhausser*, sur la foi des journaux de Milan, me supplia de lui permettre de traduire dans sa langue ma *salutaire brochure*, « pour l'opposer comme une digue infranchissable au torrent d'impiété qui dévastait sa malheureuse patrie. »

FRANCE.

Quatrieme édition. — Presse de la capitale. — La Faculté de médecine de Paris : *Saluberrima medicorum facultas*, son scalpel à la main, a disséqué la première, 'les pensées de mon livre. A l'aide des instruments puissants que la science moderne met à sa disposition, elle a ausculté les profondeurs de mon œuvre. C'était son droit et même son devoir, en présence d'un remède à tous les maux, aussi souverain que la mort universelle du genre humain tout entier. Elle a fait son rapport, et afin que nul au monde n'en ignore, elle l'insère dans son organe le plus célèbre de l'Europe.

L'*Union médicale*, le 26 août, un samedi, 1871, disait :

FEUILLETON.

CAUSERIE.

« C'est donc comme j'ai l'honneur de vous le dire : Le monde finira l'an 1921 de l'ère vulgaire. Ainsi donc, le monde n'a plus que pas tout à fait cinquante ans à vivre ; c'est ce qui est mathématiquement prouvé dans une brochure que vient de me confier notre rédacteur en chef, et dont l'auteur est son parent. J'engage tous ceux de nos lecteurs qui sont d'âge à pouvoir être les témoins de la catastrophe, à lire cet écrit : *la Fin du Monde* en 1921. Moi, dont les trop nombreux printemps ne permettent pas d'espérer de voir le cataclysme, j'ai lu cependant cette étrange brochure avec une curiosité avide. C'est bien tourné, bien agencé, bien déduit; et si on a l'imprudence de mettre la plus petite partie de son esprit dans l'engrenage de ce terrible abbé, tout y passera, et l'on arrive à la fin de la brochure, ahuri, et se tâtant pour voir si l'on est encore de ce monde.

» Je vous préviens aussi que vous avez affaire à un rude joûteur ; n'allez pas vous livrer avec lui à vos velléités de libre penseur, n'allez pas surtout prendre l'arme de la raillerie. Cet incandescent abbé a griffes et bon bec de plume. Il y en a beaucoup comme cela dans le pays d'Isaure, et il ne fait pas bon gouailler ces chrétiens baptisés avec l'eau de la Garonne. Je m'abstiens donc de toute appréciation ; d'autant plus que je lis ceci à la page 98 : « Et maintenant, histrions de tous grades : *intelligite*, *erudimini* ; comprenez, instruisez-vous, et notez dans votre calepin que je récuse votre arbitrage, parce que je veux être jugé seulement par mes pairs. » Or, je n'ai l'honneur d'être à aucun degré le pair de M. l'abbé Latour, et prudemment je me retire, non sans avoir éprouvé une singulière impression de la lecture de cette étrange publication.

» Quant à la fin du monde, il est certain qu'il faudrait sérieusement s'en préoccuper.

» L'abbé Latour a peut-être raison, et dans moins d'un demi-siècle peut se vérifier la prophétie du Prince des Apôtres : *Omnium autem finis appropinquavit.*

Signé : docteur SIMPLICE. »

Or, le docteur Simplice est tout bonnement le célèbre Amédée Latour, rédacteur de l'*Union médicale*. En voilà un docteur qui manie la plume aussi bien que la lancette.

Le 14 septembre 1871, le *Figaro*, grand gaillard qui

fait la niche et la barbe à plus d'un de ses camarades de Paris, disait :

« Nous voici fixés sur un point tout à fait capital : le monde finira l'an 1921.

» Nous ne savons sur quels calculs s'appuie M. l'abbé Latour, auteur de cette prophétie; mais ils indiquent un homme sûr de son fait. »

Voilà qui s'appelle parler !

A la même date, le *Petit-Journal*, feuille charmante qui pénètre dans toutes les communes de France, écrivait :

« L'abbé Latour, de Toulouse, vient de publier un curieux ouvrage : *la Fin du Monde en* 1921. Voilà au moins un prophète exactement renseigné. »

Bravo M. Grimm : je suis content de vous ; je vous prédis encore que je serai ravi toutes les fois qu'il vous plaira d'y revenir.

Le 15 du même mois, la *Cloche fêlée* rendait ce mauvais son. Ici mauvais veut dire bon.

Voici l'air de ce morceau choisi :

« M. l'abbé Latour vient de publier un curieux ouvrage, intitulé : *la Fin du Monde en* 1921. C'est bien le livre le plus *idiot* qui soit sorti de la main d'un homme, et cependant il s'en est vendu *quatre éditions* ; mais il faut dire qu'il est fait par un *prêtre*, et que nous sommes dans un siècle de *badauds*. »

Quel carrillon d'enfer ! Décidément, quand la *Cloche fêlée sonne*, *Quasimodo* encore tire la ficelle.

Noblesse oblige : voilà pourquoi le *Journal illustré*, le 22 octobre 1871, *blaguait*, sous la signature de Léon Maury, *la Fin du Monde en* 1921, avec un tact, une finesse, une délicatesse et une ravissante désinvolture, dont seuls, dans l'univers, sont capables les journalistes de la capitale. Le journal de province, quand il veut vous plaisanter, au lieu de vous lancer une pincée de sel d'Athènes, il vous décoche une grosse sottise ramassée à la halle. S'il cherche à vous égratigner à la façon d'un petit singe, comme *certain ours montagnard demi-léché, ignorant ami*, il vous *casse la tête* en vous jetant un *pavé* sur le bout de votre nez, où il a cru découvrir une paille ou un parasite ailé qu'avec la Fontaine, il a *mouche appelé*. Et si vous criez : Aïe ! il se plaint que vous n'entendez pas la plaisanterie.

Le *Coq du Gaulois* avait bien une furieuse fantaisie de signaler à la France l'arrivée de ma *quatrième édition*, mais il s'est trouvé horriblement enrhumé. Qu'il prenne donc un lait de poule, et qu'il recommence son chant, qu'aime tant le pays !

J'en passe et des meilleurs.

Quatrième édition. — Presse de la province. — Toulouse. — Ici, je commence par la fin ; car le *Progrès*, c'est la fin du progrès.

Le *Progrès libéral*. est un des grands journaux de Toulouse; il a soixante centimètres de hauteur et cent de largeur : c'est juste l'envergure d'un vrai hibou.

Le *Progrès*, est un journal sérieux ; il est délégué ordinairement par nos *Capitouls* pour présider à l'adjudication concernant l'enlèvement des boues des places et des rues.

Le *Progrès*, est un journal très-répandu ; il a quatre cent treize abonnés. Ils se composent de tous les orléanistes du Languedoc et de la Gascogne ; plus des *rouges* incompris de la cité qui sont passés au *bleu*.

Le *Progrès*, est un journal de cabinet, rédigé par des noms *propres*, comme ceux de *Vesse*, de *Couat* et de *Boue*.

Le *Progrès*, habitait ci-devant dans la rue des croque-morts réunis.

Le *Progrès*, est remisé maintenant dans la basse-cour de l'hôtel *Cent*, sis dans la rue des Balances ou des Bascules, si je ne me trompe.

Le *Progrès*, est un journal universel, rédigé par une collection de petits carlins anonymes, lesquels, lorsque vous passez devant leur chenil, aboient après vos talons, comme s'ils voulaient vous dévorer ; mais, si vous leur montrez la pointe de vos escarpins, ils courent se cacher sous le lit du concierge, d'où toutes les houssines des huissiers du ressort ne peuvent les chasser. Le fait m'est arrivé : le 7 juillet, j'ai payé pour 8 fr. 60 de bâtons, plus une journée d'huissier, afin d'en déloger un, qui avait mordu un talon de mes souliers, de son inaccessible repaire. J'y ai perdu mon argent ; il y est encore.

Le *Progres*, est une puissance neutre de la presse des bords de la Garonne, dont la neutralité bien avérée, et en tout observée, garantit l'inoffensive existence.

Le *Progrès*, est un journal amusant, qui a hérité de l'esprit de feu *Paillasse*, son aïeul. Il connaît les jeux innocents ; il joue bien le colin-maillard ; il est très-fort pour jouer sur les mots qu'il trouve jolis ; il jongle comme un macaque sur toutes les *Tours* du monde : Tour de Babel, dont il a adopté pour sa rédaction *la confusion des langues* ; Tour des échecs, qu'il fait mouvoir avec les pions dont il admire l'esprit, et les fous dont il a pris l'allure.

Enfin, le *Progres*, c'est le progrès ; car il y a progrès qui avance et progrès qui recule.

A CES CAUSES,

Vesse, *Couat* et *Boue*, sentis, inspectés, enlevés, brossés ; progrès griffonnant,

Ce 1er septembre 1871, nous avons lu et nous lisons ce qui suit :

« Tremblez, mortels !

» On nous annonce la fin du monde pour 1921 ; mais cette » nouvelle nous est annoncée par l'abbé Latour de Babel.

» Ainsi, mortels, rassurez-vous ! »

Puisque, pour les lecteurs du *Progrès*, je suis Latour de Babel, quand pour leur triste journal sera venu le quart d'heure de Rabelais ; quand la caisse sera vide, et qu'à la façon des gueux, ses rédacteurs se disputeront entre eux ; quand *Vesse* fera sentir à *Couat* que sa stérilité a tout gâté ;

quand *Couat* fera ressentir à *Vesse* que sa timidité a tout empoisonné; quand *Vesse* et *Couat*, combinant leurs efforts pour se soulager réciproquement, reprocheront à *Boue* d'avoir tout sali ; quand ce balsamique triolet exhalera tout ce que ses flancs depuis longtemps comprimaient, au milieu de ces tempêtes intestines, j'offrirai un refuge sur ma plate-forme, qui n'est pas mal élevée, à ses infortunés abonnés. Sur cette cime, toujours à l'abri de tout air méphitique, ils pourront crier à tous les *Couats*, à tous les *Vesses* et à tous les *Boues* du bureau : « *Vesses*, *Couats* et *Boues*, vous pouvez maintenant entasser incongruites sur incongruités, jamais elles ne monteront à la hauteur de nos fières narines ; car nous, nous sommes au sommet de Latour de Babel, et vous autres, *Vesse* , *Couat* et *Boue ;* vous êtes à ses pieds. »

Le 15 septembre, la *Dépêche poussive* propageait le son de la *Cloche* sa commère. Elle voulait bien ajouter un mot de son cru; la respiration lui manqua. Quand elle aura repris haleine, elle tâchera d'en dire deux, pourvu, néanmoins, qu'elle ne rende pas ses poumons au diable qu'elle sert. Jamais, du reste, le démon, qui s'y connaît, n'a revendiqué le moindre droit sur son esprit.

Le 30 août, le *Messager*, journal honnête, sous la signature de M. Boissin, son rédacteur, homme sérieux, écrivait une colonne attestant qu'il m'avait lu.

Les autres journaux de Toulouse, blancs unis, blancs ornés, rouges pur sang, rouges croisés, couleur punaise, forme idem, ont gardé un majestueux silence. Ils se recueillent à la pensée de *la fin du monde*. Certes, il y a bien de quoi ! J'espère pourtant qu'ils parleront sur, pour ou contre l'*Avenir*.

Quatrième édition, presse de la province, hors Toulouse.

L'Echo du Tarn, *l'Indépendant de Pau*, *l'Ère de Tarbes*, tous les journaux de Rodez ont signalé à leurs lecteurs l'apparition de mon travail en termes agréables.

LA BELGIQUE.

M. Biguet, qui va publier sur l'Apocalypse un travail dont l'érudition étonnera le monde, le 7 octobre 1871, m'écrivait :

« Père, maître, dans votre brochure sur *la Fin du monde*, vous vous êtes révélé un homme de cœur, de charité, de talent, et d'érudition.

» Nos journaux, qui vous critiquent, feraient mieux de se livrer comme vous à l'étude : ils comprendraient que le rôle d'écrivain religieux n'est pas aussi facile que celui de sceptique malveillant. »

Voilà une puissance étrangère dont j'accepte l'alliance, d'autant plus volontiers qu'elle ne semble pas disposée à garder la neutralité quand l'ennemi attaquera mes *travaux*. Ce loyal allié peut compter sur une réciprocité parfaite.

Cette réclame, vraiment formidable, a procuré à ma *Fin du monde* une publicité et un succès immenses. La trompette du dernier jugement ne fera pas plus de bruit pour appeler les morts que n'en a fait la presse pour recommander ma brochure.

Toutes les fois donc que le grand diable de la typographie, que le mauvais démon de Guttemberg, que l'esprit malin de la presse s'empareront de mon âme, journalistes de France, de Navarre et d'Europe, ah ! faites un bruit d'enfer autour du berceau de mon œuvre naissante. Le bruit, c'est l'air qui fait vivre le livre qui vient au monde ; le silence, c'est le vide qui l'asphixie. *Corybantes* capricieux, si le bruit harmonieux ne vous va pas, eh bien ! embouchez la corne, armez-vous du chaudron, de la bêche, décrochez tous les instruments aratoires et culinaires que vos bureaux récèlent, faites-moi vite un charivari infernal à assourdir le vieux Saturne lui-même ; brisez, s'il le faut, tous les tympans de toutes les oreilles du monde ; ne craignez rien pour la mienne; je sais, quand il le faut, faire la sourde oreille. Du bruit, du bruit, toujours du bruit! car le bruit c'est l'air dont j'ai besoin; et si l'air de vos éventails, usés par le service, n'est pas aussi pur que l'air de nos montagnes ou que l'azur des cieux, n'importe, encore de l'air! mes poumons sont robustes comme des canons *Krupp*. Allons, *Progrès !* entre Gascons pas de rancune! que la douceur des eaux de la Garonne fasse oublier l'acidité du vinaigre d'*Orléans*. Il en est qui pensent que le saint patron du journal, *Duc* aujourd'hui, demain peut-être sera roi : le hasard est si grand ! Or, le roi de France ne venge pas les injures du duc d'Orléans. *Paveur* du Messager : attention, et vite à la rescousse ; artiste diligent, arrachez dès l'aurore tous les pavés plats qui sont l'enfer des chevaux, et tous les cailloux pointus qui constituent le purgatoire des femmes. Que pas un seul galet ne respecte ma figure ; ne craignez pas pour mes lunettes; Bianchi vit encore : il ne demande pas mieux que de m'en vendre une autre paire. Toutes les fois que la plus petite pierre me sera lancée, ne fut-ce qu'à travers mes longues jambes, je vous promets en échange le plus gracieux de mes *Dieu vous le rende*, dont la sainte collection fera danser votre gracieuse *demoiselle :* au son d'un tel violon la danse n'est pas péché.

CHAPITRE VINGT-QUATRIÈME.

LA FIN DU MONDE EN 1921.

La fin du monde en 1921..... Oui, il faut que cette date obtienne bientôt l'honneur d'une date proverbiale.

Je ne répéterai pas aujourd'hui ce que j'ai écrit dans ma brochure sur la Fin du monde. Et puisque la presse a fait à ce livre la grâce de le discuter sur tous les tons, je témoigne ici ma vive reconnaissance à tous ces organes officieux de la publicité, en récompense, que Dieu les convertisse et les sauve !

Je n'ajoute qu'une preuve nouvelle, mais splendide, à toutes celles que j'ai déjà fournies pour établir ma désespérante affirmation.

Dans le long cours de mes recherches, un quatrain saillant pourtant de Nostradamus s'était, je ne sais comment, dérobé à mon attention vigilante. Or, le 25 septembre dernier, sa découverte m'a bien agréablement surpris. Or donc, le 11e vers du quatrain 77, centurie VIII, est ainsi conçu :

« Vingt et sept ans sang durera sa guerre. »

La guerre de l'Antechrist, oui, de l'Antechrist; car ce féroce guerrier, le voyant français, l'appelle par son nom. Il viendra fondre sur l'Europe par la Hongrie, ancien royaume d'Attila son homonyme et son pâle modèle, Le 25 décembre 1893.

Mais cet horrible conquérant, après *vingt sept ans*, nouvel

Hérode, il voudra, en haine de J.-C., son immortel rival, se procurer, le 25 décembre 1920, la gloire sinistre d'un autre massacre des *saints Innocents*. En ce grand jour, anniversaire pour son divin adversaire de son entrée dans le monde et pour lui de son entrée en campagne, pour couronner dignement son indigne règne, il égorgera de sa main Hénoch, Elie et saint Pierre second, que depuis trois ans et demi il tenait *aux liens*, comme autrefois saint Pierre premier dans sa même prison de Jérusalem.

Trente jours après ce triple sacrilége, il sera tué, cet incomparable scélérat qui, pendant plus d'un quart de siècle, a fait trembler la terre, par un souffle léger sorti de la bouche de Notre-Seigneur Jésus-Christ.

Quarante-cinq jours après la mort de ce satanique fléau, oui, après *quarante-cinq jours* accordés à l'humanité pour qu'elle se recueille, le monde finira. Or, à cette époque solennelle, le monde agonisant sera au mois de mars de l'ère vulgaire 1921.

Je finis, non par un sentiment de cœur, non pas même par un trait d'esprit, mais bien par une brutale opération mathématique.

PROBLÈME.

1° Etant donné par l'histoire et la *Prophétie des Papes* de saint Malachie du XIIe siècle, dont les cent onze premiers papes sont arrivés tels qu'ils étaient annoncés sur cent douze prédits, oui étant donné un nombre total de 268 papes ;

2° Connaissant mathématiquement la durée moyenne du règne de chaque pape, qui est de sept ans et dix-sept jours ;

3° Sachant que le premier pape a été institué par Jésus-Christ l'an 33 de l'ère vulgaire,

Trouver l'année de la fin du monde.

SOLUTION MATHEMATIQUE :

Deux cent soixante-huit fois sept ans dix-sept jours, plus trente-trois ans, égalent 1921, année de la fin du monde.

Pour les Pharisiens impressionnables de la terre qui auraient encore quelque scrupule à l'endroit du *nisi solus Pater*, pour obvier à leur spécial *scandale*, je dirai qu'ici, en bon français, *la fin du monde en* 1921 veut dire seulement que la fin du monde est excessivement prochaine, qu'elle arrivera certainement dans le courant du siècle prochain.

On voit par là que je veux le salut de tout le monde, même celui des Pharisiens.

Pour le commun des fidèles, je parlerai un autre langage ; je dirai : devant ce chiffre effrayant, je permets aux niais de rire, aux ignorants de n'y rien comprendre, aux orgueilleux de n'en rien dire et de ne pas en penser davantage. Quant aux hommes sérieux, je leur dis modestement à tous : ce chiffre est mon chiffre ; oui, je m'en constitue le tenant ; attaquez-le : je suis là pour le défendre.

NE VARIETUR.

GABRIEL-MARIE-EUGÈNE-LATOUR,

Prêtre auxiliaire de Saint-Jérôme de Toulouse.

TABLE DES MATIÈRES.

CHAPITRE DIXIÈME.

CHAPITRE ONZIÈME.

CHAPITRE DOUZIEME.

CHAPITRE TREIZIÈME.

CHAPITRE QUATORZIÈME.

CHAPITRE QUINZIÈME.

CHAPITRE SEIZIEME.

CHAPITRE DIX-SEPTIÈME.

CHAPITRE DIX-HUITIÈME.

CHAPITRE DIX-NEUVIÈME.

CHAPITRE VINGTIÈME.

CHAPITRE VINGT-UNIÈME.

CHAPITRE VINGT-DEUXIÈME.

CHAPITRE VINGT-TROISIÈME.

CHAPITRE VINGT-QUATRIÈME.

FIN DE LA TABLE DES MATIÈRES.

www.ingramcontent.com/pod-product-compliance
Ingram Content Group UK Ltd.
Pitfield, Milton Keynes, MK11 3LW, UK
UKHW012054240726
13965UKWH00003B/1272

9 782013 354998